臺灣傳媒亂象
——大公報之傳媒睇傳媒

Taiwan Media's Chaos

◆吳非　著

華文教育基金叢書

自序

　　本書名為《臺灣傳媒亂象》，對於「亂象」這兩個字，筆者的理解是臺灣自 1988 年後就進入轉型階段，在轉型的過程中，臺灣各方勢力在利益的分配上產生出各種難以協調的問題，比如臺灣的經濟為對外出口型，這樣臺灣政府的整體導向就是服務於出口型的大企業，那麼其他的問題如勞工問題、職業婦女問題等就很難徹底解決。

　　筆者認為，臺灣媒體的亂局的主因是過於強調媒體監督的角色，使得監督的過程變得過於苛刻和細微，作為媒體人應該視角更加廣泛。如臺灣元智大學通識教學部為全校開設經典五十和全球化課程，對於中國的經典，很多學生其實並沒有仔細讀過全文和原文，中國經典博大精深，如《西遊記》中早就有很多調侃語言，比現在的憤青還有意思；《水滸傳》中眾人才沒有辦法進入宋朝體制當官後，就只有落草了；《三國演義》則更像現在的國共鬥爭；《紅樓夢》也是看盡人間冷暖，寫盡世態炎涼，沒有結尾的《紅樓夢》感覺最好。現代的媒體人需要大氣，多看看經典，進行經典調養，這一點，兩岸媒體人都適用。

　　在籌畫寫序這幾天，突然間一則新聞雖小，但卻產生非常大的效果，就是臺灣的消基會公佈自己的調查結果，就是在臺灣生產一個波羅麵包的成本價格為 3 台幣（合 0.7 人民幣），而在很多的麵包店裡波羅麵包則買 15～25 台幣，這個新聞經過兩天發酵後，筆者發現到麵包店裡買麵包的人開始減少，並且在大賣場（超市）裡的麵包卻越來越便宜了。

　　一件事情就可以體現出臺灣民眾截然不同的民風，就是如果你欺騙他，那麼他基本上採用的態度是以後不再理你。中國大陸的民眾很多則採用訴訟的手段，並且伴隨激烈抗爭。這也同樣發生在臺灣南部

人民的選舉動員中和大的災難中，從媒體的鏡頭中傳出來就更為集中震撼。

　　另外一個非常有意思的問題就在於如何定位臺灣，臺灣早期的民眾為原住民，然後在明朝期間有來自廈門、泉州和漳州的移民，當初很多人到臺灣都本著冒險犯難的精神，即使到 1949 年之後，新來的移民也沒有想在臺灣長久居住。這樣臺灣有個最明顯的特點就是，對於理念的堅持度不足，並且長遠規劃很少，這與擅長國際戰略的俄羅斯人正好形成強烈對比。

　　近日看到《聯合報》話題版報導中國大陸有兩位重要的文化人來到臺灣，一位是王蒙，另一位是陳丹青。王蒙在臺北做完演講之後，專程到臺灣著名的私立大學元智大學做專題演講，王蒙老先生的特點就是厚道，用他自己的話說就是和稀泥。陳丹青在臺灣提出了大陸消失的教養在臺灣找到的見解，那是陳丹青本人對於臺灣完全不瞭解的結果，如果陳丹青本人走出臺北市，看來就連交流都會成為問題，對於陳丹青習慣靠廉價批評存活，他有心裡關心大陸底層的百姓生活嗎？他有會講連臺灣領導人都必須說的閩南話嗎？都沒有，這是最大問題。陳丹青帶來的是對於臺灣的想像，這是很多大陸學者的通病，以為大陸沒有的，在臺灣統統都有。事實上，臺灣有的是多元與民主，現在包容正在慢慢恢復。

　　對於臺灣的研究，筆者在國立莫斯科大學的學習期間，就對於臺灣問題非常有興趣，並且在 1999 年第一次參訪臺灣長達 25 天，2001年後就長期在臺灣觀察兩岸的整體走向。2004 年在香港《大公報》主筆王椰林先生的邀請下開設《傳媒睇傳媒》專欄，並且 2005 年之後開始大膽寫作關於臺灣媒體發展的文章，在這裡還得感謝椰林先生的包容，讓我發表很多不同於大陸和臺灣的觀點。

　　筆者這本書中使用了來自：新華社網站、中新社網站、中評社網站、南方日報網站、南方週末網站、廣州日報網站、羊城晚報網站、新新聞網站、聯合報網站、中時報網站、蘋果報網站、香港鳳凰網站、

香港大公報網站、維琪百科網站、多維新聞網等媒體的資料和圖片，在此表示感謝。

本人並不是這方面體制內的研究學者，研究起臺灣是一沒錢、二沒有資源，完全憑藉熱情，已經堅持九年。這使得筆者這次感謝的長輩、老師和朋友會特別多。

感謝中國新聞史學會榮譽會長方漢奇教授、中國新聞史學會會長趙玉明教授、復旦大學張駿德教授、童兵教授、李良榮教授、黃芝曉教授、黃旦教授、張濤甫副教授、張殿元副教授、馬凌副教授、華東師範大學馮紹雷教授、新華社副總編輯俱孟軍先生、《新聞記者》總編輯呂怡然先生、中國人民大學鄭保衛教授、陳力丹教授、北京大學程曼麗教授、清華大學李希光教授、崔保國教授、郭鎮之教授，中國傳媒大學的雷越捷教授、陳衛星教授、深圳大學吳予敏教授、華南理工大學李幸教授、趙鴻教授、河南大學李建偉教授、張舉璽教授、浙江工商大學徐斌教授、博梅教授。浙江大學李岩教授、趙晶晶教授以及邵培仁教授。

香港城市大學首席教授李金銓教授、朱祝建華教授、何舟副教授、香港中文大學陳韜文教授、李少南教授、蘇鑰機教授、馮應謙副教授、丘林川助理教授、香港浸會大學黃昱教授、余旭教授、亞洲電視臺副總裁劉瀾昌先生、鳳凰衛視評論員何亮亮先生、鳳凰衛視時事辯論會策劃人鐘麗瓊編輯也給予很多的支持。

筆者的研究在暨南大學也得到了校長胡軍教授、校黨委書記蔣述卓教授、副校長林如鵬教授、副校長劉傑生教授、國際處處長余惠芬、人事處長饒敏、教務處張榮華處長、張宏副處長、王力東副處長、珠海學院系主任危磊教授的支持，在學院內有院長范已錦教授、常務副院長董天策教授、書記劉家林教授、蔡銘澤教授、曾建雄教授、馬秋楓教授、薛國林教授、李異平教授等前輩的肯定。在筆者曾服務過的廈門大學也得到了校長朱崇實教授、副校長張穎教授的支持，在專業

上也得到了新聞傳播學院院長張銘清教授、陳培愛教授、黃星民教授、許清茂教授、趙振翔教授、黃合水教授的支持和肯定。

這幾年筆者在臺灣時，還得到臺灣元智大學校長彭宗平教授、臺北大學校長侯崇文教授、元智大學通識教學部主任王立文教授、孫長祥教授、謝登旺教授、尤克強教授、人社院院長劉阿榮教授、政治大學李瞻教授、朱立教授、馮建三教授、蘇蘅教授、俄羅斯研究所長王定士教授、臺灣大學張錦華教授、林麗雲副教授、張清溪教授、淡江大學張五岳教授、交通大學郭良文教授、南華大學郭武平教授、戴東清助理教授、亞太和平基金會董事長趙春山教授、政治大學教授和陸委會副主委趙建民先生、企劃部主任陳逸品研究員、美國自由亞洲電臺駐臺灣首席記者梁冬先生等的支持和照顧。另外筆者還接觸了許多和善的媒體人，這包括南方朔先生、楊度先生、《商業週刊》發行人金惟純先生、《遠見》雜誌的發行人王力行女士、《中國時報》總主筆倪炎元先生、《中國時報》副總編、主筆郭崇倫先生，這使得筆者對於臺灣研究加強深入分析。

之所以要感謝這麼多人，主要是筆者在臺灣研究中非體制上的人，沒有資金和資源，但有的卻是自由，可以和這些前輩、良師益友進行充分的交流，沒有後顧之憂。另外，筆者最喜歡和臺灣的小商販、公職人員交流，通過這些人，才知道真實、多元的臺灣。

同時還感謝新華網、人民網、鳳凰網、新浪網、中評網等網路媒體所給予的支持，並轉載我的文章。

最後筆者感謝本書的責編藍志成先生和賴敬暉先生的幫助，本書的出版還得到秀威出版社發行人宋政坤先生經理林世玲小姐的鼎力支持。筆者寫作臺灣問題時，最大的支持來自內人胡逢瑛老師，特此感謝。本書在多元化上仍存在問題，並請臺灣、香港、大陸的讀者多多指正。

吳非

寫於 2009 年 3 月 10 日星期二

南方朔先生接受筆者採訪，並合影留念，
在採訪中面授筆者很多專欄寫作技巧和如何作為獨立媒體人。

目次

臺灣進入政黨弱化期[*]

陳雲林會長這次到臺灣，經歷了一些民眾抗議事件，甚至在最後一天晚上還出現抗議者對員警投擲汽油彈和糞便。陳雲林會長在臺灣參訪時，臺灣媒體人沒有挑釁性報導，街頭抗議的民眾始終不多，只是破壞力極強，而且相當的暴力。

這樣看來馬英九弱化政黨的政策有一定的道理，因為未來如果兩岸統一的話，只要有政黨提出，半數以上民眾支持，反對黨沒有太大的破壞，這樣就可以在比較和平的狀態達到統一的目標。隨著陳雲林會長訪問的結束，兩岸統一的方式也開始浮現檯面。

---

[*]　本文發表於《大公報》2008 年 11 月 14 日。

筆者在 IAMCR 國際會議上，時任臺北市市長的臺灣總統馬英九先生
蒞臨晚宴，並致詞。

選舉前在捷運站的廣告，代表未來落實任何的政策都需要政府來執行，
政黨並不具有這樣的條件。

筆者在南方日報網站設立的專欄。

兩岸統一方式浮現

如果照陳雲林會長這次訪問臺灣的經驗，民進黨的支持者不在於人數的多少，而是支持者的破壞力非常強大。如果馬英九因為人數少而強力鎮壓的話，就會重蹈蔣介石的老路，這些少數人，就會把臺灣帶到另一個情緒當中，而情緒的箭靶就是大陸。在這種情況下，臺灣需要陳雲林會長這樣有涵養的大陸高層官員多多參訪。臺灣的民意代表林郁方也認為陳會長是對臺灣最友善的官員，民進黨在這次事件之後，需要反思。

對於宗教的解讀

2000 年到 2008 年是臺灣政黨全面弱化的幾年，但在 2009 年後，隨著馬英九與大陸全面和解的前提下，臺灣政治的主體性逐漸形成，並且臺灣在兩岸關係和外交上全面出擊，政府官員必需要有相當的包容能力，這也包括大陸的鷹派。大陸的鷹派本身就很強悍。臺灣的鷹派最多只算是刁鑽，而且對於社會的破壞力不足，它代表了臺灣民主改革的成果，如果未來臺灣的民主改革要想取得更大的成就，還需要臺灣的鷹派做出更多的自我調整，對於大陸的鬥爭哲學，臺灣的政治人物最好少採用，儘管這樣的鬥爭哲學在街頭、立法院等地方非常有效，臺灣需要良性循環的政治環境，無意義的政治對立，是臺灣島無法承受之痛。

陳雲林會長這次的臺灣行，還真有點兩岸一家親，少數民眾有意見上街頭抗議，陳雲林會長已表現出大哥的包容氣度，這一點在臺灣《聯合報》的民調都有所體現。如果大陸鷹派主導兩岸議題，反倒是容易讓兩岸談判進入國與國的關係，因為這也是鷹派所擅長的文攻武

世界名人畫像

鬥。在兩岸談判中，大陸鷹派只要是守住立場就是對祖國統一最大的貢獻，畢竟現在兩岸關係已經進入實質接觸階段。

當年美國對於臺灣的滲透也是前期大量投入，對臺灣進行大量的經濟、軍事等方面的援助，而且五、六十年代給臺灣的飛機是免費的，臺灣留學生在美國留學都有獎學金。美國駐臺灣的機構本身對於臺灣的影響力很大，但在任何時候，這些單位就像不存在一樣，十分低調。現在臺灣在大陸的學生都是國民待遇，就只差臺灣承認大陸的學歷一項了。大陸對於臺灣應該是給了就不要後悔，甚至希望得到回報的念頭都不要有，其實回報一定會的，只是速度不快。

政黨弱化是件好事

臺灣在經過戒嚴之後，臺灣自身政黨由原來強大的國民黨，變為多黨參政的局面。臺灣本身的面積不大，而且有中央山脈佔了過半的面積，常常在飛機上就可以從平原看到山脈。如果臺灣本身政黨過於強大，就會對於臺灣社會產生過分擾民的效果。

臺灣社會本身是以閩南人為主體，客家人、外省人、原住民為輔助的社會群體。儘管這樣劃分還存在很大的爭議性，但臺灣政黨如果

仍然保持強勢，那麼族群的議題永遠都是政黨的利器，可以說是百戰不殆。這次馬英九獲勝並不表示說，臺灣的族群問題已經削弱，其實在福建地區的閩南人的族群問題幾百年間都一直存在，只是在 1949 年之後，才逐漸弱化，但在生意場則比較多看到族群現象。

　　大陸在某種程度上是臺灣的保護傘，因為在兩岸還沒有解決自身問題前提下，其他國家和地區是沒有任何的權利來進行干涉的，這主要是指美國和日本。比如俄羅斯如果碰到臺灣問題，一定是退避三舍，原因就在於五十年代，中蘇出現的主要裂痕就是臺灣問題。為臺灣問題，毛澤東發動了「八二三炮戰」，在中蘇談判中變相逼迫蘇聯表態支持中國統一。當蘇聯沒有明確表態之後，中蘇陷入僵局，中方沒有完全掌握與蘇聯談判的技巧。六十年代後，中蘇陷入長期的冷戰，而長達三十多年的冷戰是中國領導人沒有預想到的，但這也讓俄羅斯政治人物認識到臺灣問題的嚴重性。從 1989 年後，歷屆俄羅斯領導人對於臺灣問題都抱持不作為比作為要好的態度。

媒體對於馬英九和陳水扁的不同態度。

兩岸開始逐漸融合

現在隨著中國的強大，其他國家包括日本和美國在臺灣問題上的表態都十分謹慎，大陸對於美國和日本應該保持持續的壓力，讓兩岸首先在良性互動的基礎上，建立共識，尤其大陸在日本和美國的挑撥之下，還應該堅持兩岸的和平、務實、對等、互利，因為不如此，就無法使臺灣從根本上對大陸產生好感，疏離感是兩岸交流的最大障礙。如何在大陸的外交事務中加入臺灣的積極正面因素，也是大陸政府應該考慮的首要問題，不要將

外交戰場上殺氣騰騰的氣氛帶入相關的國際組織，大陸的外交部門也應該學習對臺部門的低調和低姿態，這樣兩岸才能夠處理好相關的事務。對於臺灣和大陸的交流，本來就應該多多益善，而且大陸官員應該少一些「為政績」的思維，不要把到臺灣訪問簽協議當作是對歷史的交代，兩岸關係應該放入大的歷史長河中來看。臺灣某些人士對於大陸高層官員的抗議，應該是兩岸真正融合的開始。

兩岸的前景

馬英九的弱化政黨的政策，其實對於大陸本身的政策非常有利，因為當臺灣本身政黨的權力弱化之後，國民黨和民進黨的權力都會弱化。如果不如此，當國民黨執政後，權力過於膨脹的話，那麼民進黨

的權力也會水漲船高開始膨脹，那麼政黨對於臺灣整體的影響就會過於龐大，在政黨利益的操作之下，兩岸統一將會遙遙無期。

　　大陸需要等待臺灣的民意回暖。這次陳雲林會長臺灣行的最大收穫就是，臺灣多數的民意是樂觀其成的，只要有利於臺灣民眾的互動，民意將會高過政黨利益。屆時民進黨成為暴力政黨的可能性將會大大降低。

什麼是美國人心目中代表中國的符號？

「老外」眼中的十大中國名牌

「老外」眼中的中國大陸經典圖片

臺灣文化活動具有多樣性。

《天下》雜誌同樣關心年輕人的成長，在這方面臺灣元智大學的經驗值得推廣。

兩岸交流臺媒角色重要[*]

在這次陳雲林會長的訪問中，臺灣媒體基本上可以保持較為客觀的報導和有深度的評論。儘管在前夕和開始時，有一部分媒體還不能夠保持平和的狀態，但當海協會和海基會簽署協議之後，其質疑的聲音已經大為減少。

大陸海協會會長陳雲林到臺灣進行為期五天的訪問，臺灣媒體馬上開始全天候的採訪與跟蹤。此時無論是臺灣的電視媒體還是報紙，都開始使用比較臺灣化的語言深入評論這次陳雲林的訪問，這在近幾年的媒體報導中都是比較少見的。之前臺灣媒體對於大陸的報導，其主力主要有兩個，一個是常到大陸駐點採訪的記者，另外就是很少到大陸，但卻對於大陸有絕對發言權的資深記者和媒體主管，這樣臺灣對於大陸的報導，常讓人感到有不得其門而入的感覺。但在這次陳會長訪臺期間，臺灣媒體的報導都變得有深度和建設性。

---

[*]　本文發表於《大公報》2008 年 11 月 8 日。

臺灣數位印刷已經非常普遍，而且非常快速和價格適中，
圖為臺灣秀威出版社的數位印刷設備。

臺灣華視大樓。

華視大樓一樓已被出租。

臺當局政策漏洞明顯

　　在陳雲林會長訪臺前，副會長張銘清在臺南先試政治水溫，就遭到民進黨民意代表推倒並出手傷人，於是臺灣行政單位就決定動用 7000 多名的優勢警力，來保護陳雲林會長的安全。此時，馬英九的思維模式就成為一個非常有意思的議題。對此，儘管民進黨多是從反諷入手，但綜觀臺灣近二十年的發展，我們可以看出，李登輝時代，自恃臺灣經濟基礎雄厚，在美國和東南亞縱橫馳騁，但他沒有為後繼者留下太多的精神與財富。陳水扁在整體格局都非常侷促的狀況下，對大陸採取進攻和挑釁性的對外策略。這樣陳水扁的政策就經常需要依靠官員和智庫個人的能力和魅力進行突破。臺灣的很多政策都充滿了個人色彩和不確定性，而政策的漏洞則是非常明顯。這樣貪汙就成為必然趨勢，而且貪汙也經常是在下意識不自覺中進行，當事人也許都沒有意識到這是貪汙。臺灣「國安會」秘書長邱義仁就是典型的代表。

　　如何制止貪汙，消滅個人英雄主義的單兵冒進，是馬英九在任內的主要任務，這需要馬英九塑造出

《亞洲週刊》同樣關心中國大陸的問題，在議題設定上與臺灣截然不同。

聯合國教科文組織每一年都會出版關於資訊與大眾傳播的書籍，並深入探討現今世界各國所遇到的問題。

良好的外部環境，包括臺灣和大陸及美國的良好互動關係。但如果要建立兩岸的良好關係，馬英九需要冒著被罵和民意支持度下降的危險，以及負擔這次動用 7000 多名優勢警力保護陳雲林會長而被罵為戒嚴的責任。兩岸只有互動良好，才會免除臺灣官員由於冒進而造成的貪汙行為，這樣未來臺灣領導人也會免於因經濟發展不好、對外關係沒有突破而造成的窘境。

淡江大學中國大陸所所長張五嶽教授就撰文指出，江陳會談協議效應需耐心等待。就兩岸互信的建立與臺海和平穩定而言，2008 年以前北京形容兩岸關係為「形勢嚴峻」，處於歷史「高危期」，目前則是認為呈現良好發展勢頭，為難得的歷史機遇期。兩岸交流至今逾廿一年，竟然只有六年（含今年）有協商，其餘多是中斷。記取歷史教訓、抓住機遇、暫時擱置爭議，似乎成為兩岸兩位領導人親自抓兩岸關係的最佳寫照。

面對區域經濟整合的浪潮，兩岸經貿不論將來是否要簽署 CEPA、FTA 或是其他協議，第一步必須兩岸經貿正常化，而兩岸的海空運直航更是經貿正常化最關鍵的核心。在此次海空運協議簽署後，兩岸直航議題只剩下空運的「航權談判」與簽署「航權協議」了，也就是所謂的定期航班。

兩岸文化交流已非常普及。

大陸官員要常到臺灣

在這次陳雲林會長的訪問中，臺灣媒體基本上可以保持較為客觀的報導和有深度的評論，這在臺灣媒體發展中是不常見的。儘管在前夕和開始時，有一部分媒體還不能夠保持平和的狀態，但當海協會和海基會簽署協議之後，其質疑的聲音已經大為減少。

其中主要的原因就在於，臺灣媒體本身就具備能夠堅持事實報導的原則，但如果大陸官員長期不能夠登陸臺灣的話，臺灣部分媒體人就有了可以不正確報導的正當理由。

在這次陳會長到臺灣參訪的過程中，在會場外抗議的部分民進黨人士經常使用的詞彙就是「共匪」一詞，在大陸已經逐漸減弱兩岸的意識形態對抗的今天，這個詞彙其實在大陸已經基本看不到，但為何在臺灣還會出現呢？

江丙坤（右）和陳雲林（左）在臺北圓山飯店正式會談，會談前江丙坤為陳雲林倒水。「陳江會」上，海基會董事長江丙坤親自幫來自遠方的客人倒水，這個舉動讓臺鹽礦泉水在媒體鏡頭前密集曝光。會議進行到一半，陳雲林起身幫江丙坤加水，坐下之後還對這瓶礦泉水好奇發問：「這什麼牌子？喔，臺鹽。」就是這句話，免費替臺鹽打了廣告。臺鹽是「陳江會」指定用水，不但知名度大增，臺鹽股價 5 日一開盤就直線往上衝，10 點不到，更是攻上漲停板 12.05 元。陳雲林一句話，讓臺鹽市值短短一天內增加 2 億新臺幣。

　　其實這也沒什麼好奇怪的，如果在南臺灣待一個月以上，聽到這些具有挑釁性語言的機會經常出現。南臺灣不但是大陸公關弱勢地區，而且也是臺灣本身沒有關注的地區。儘管大陸多次邀請南臺灣部分人士訪問大陸，但這畢竟是少數人，大多數人對於大陸的認知還很少，這需要臺灣行政單位多做宣導。這次張銘清副會長在臺灣所遭受的某些不公平待遇，其實是每一個大陸人要長期在臺灣所經受的第一關而已，如果大陸官員不能夠忍受臺灣的某些奇怪言論的話，兩岸的會談將會長期擱置不前。換句話說，大陸必須有官員到臺灣挨點罵，不然臺灣的這種聲音將會長期存在。做兩岸交流的學者和官員經常是在臺灣北部待上一兩個星期，到南部都是在旅遊。不能夠體會臺灣各種思想是兩岸交流最大的障礙問題。

媒體觀點已趨於和緩

　　臺灣知名專欄作家江春男連續三天在《司馬觀點》中發表對於陳雲林來訪的觀點，並且江春男的觀點也出現明顯的變化。

　　《自由時報》這段時間的報導基本上還算是平和，基本鎖定在群眾抗爭和談判的具體細節上。5 日，三位前臺灣陸委會領導認為兩岸航線「讓太多」，並批評海運協議寫得不清不楚，「魔鬼藏在細節裡！」

《自由時報》大樓前和門口。

《自由時報》的口號。

5 日《聯合報》發表題為「兩岸的第四通，海空直通，還要『想得通』」的社論。社論指出，「三通」這個出現在兩岸間已有三十年的名詞，昨天終於在江丙坤、陳雲林簽字後實現。通航、通郵、通商，這是人貨及資訊的「三通」，而一切的本源皆在「第四通」：兩岸朝野在思想觀念上必須「想得通」！三通真正的發動者是蔣經國，回應人則是鄧小平。

約翰霍普金斯大學傅爾布萊特訪問學者黃奎博教授就指出，兩岸氣氛逐漸和緩之後，連美國政府都已經正式透過美國在臺協會表示（其實也就是指示）可以恢復經貿部長級官員互訪的信息。

在兩岸關係趨於和緩的狀態下，大陸官員需要常到臺灣看看，而且下一步需要設立常駐單位，以解決兩岸出現的具體問題。

《天下》雜誌始終將焦點集中在臺灣經濟和社會的發展上。

書評：黑夜中尋找星星[*]

—— 在時間的快速流動中，總是有一群奇特的人，比別人更容易看見
　　歷史的容顏

　　2008 年 3 月 20 日臺灣選舉之後，馬英九高票順利當選為臺灣的
新任領導人，但這並不表示臺灣在陳水扁執政期間所造成的混亂局面
將會迅速結束。臺灣媒體在四十年戒嚴時代後所形成的媒體監督行政
單位的思想開始成為常態，其中的方式和方法，很多的學者和媒體人
還在尋找，此時，由時報出版社出版的《黑夜中尋找星星》一書，以
17 位權威記者的經歷詮釋了媒體如何監督行政單位。

　　國民黨到臺灣宣佈報禁之後，報紙的數目始終維持在 31 家，其
中黨政軍勢力控制了半數，但在《中國時報》和《聯合報》民營報紙
崛起之後，臺灣戰後第一代政治記者開始在每天只能夠印刷三大張的
時代嶄露頭角。

　　該書第一個介紹的知名媒體人就是司馬文武，原名江春男。2000
年臺灣政黨輪替後出任安全部門副秘書長，現為臺灣《蘋果報》顧問
和專欄作家。司馬文武指出，在七八十年代，幾乎所有的媒體都有很
多說明安全單位工作的媒體人，報社記者如果在立法部門跟一些黨外
的政治人物講話、見面，得到什麼消息，回去只要寫報告給安全單位，
都會有獎金。報社裡的人，如果跟黨外人士走的稍微近一些，就會被
貼標籤。

---

[*] 該文發表於《南方週末》孰是孰非專欄，並且同時發表於《財富生活》雜誌，
　2009 年 1 月號。

　　蔣介石先生於 1975 年 4 月 5 日在臺北市郊的士林官邸過世，當時行政院隨即宣佈 4 月 6 日起開始為期一個月的國喪，國喪期間軍公教人員一律著素服，並配戴寬二吋半的黑紗，為蔣介石戴孝。

　　當時更規定彩色電視畫面一律改為黑白，全臺停止娛樂、宴會及各項慶祝集會 30 天，後來因為停止娛樂 30 天影響太大，才改至 4 月 16 日蔣介石移靈為止，但為表「舉國」哀悼，4 月 16 日至 18 日則是禁屠 3 天。

　　移靈大溪陵寢時，全臺民眾就地肅立致哀一分鐘，從臺北到大溪 62 公里，二百多萬人沿途設案路祭、跪拜迎送，甚至不乏榮民、榮眷哭倒在地，而凡是不合喪悼氣氛的廣告都拆除，交通路口則搭建牌樓，甚至包括醫院等多數行業全都停止營業。（圖片和資料來源：香港鳳凰網）

　　當時在《中國時報》內，南方朔被稱為統派，而司馬文武則被稱為獨派。《中國時報》老闆余紀中在國民黨中常會中聽到，臺灣和美國的關係出現變化後，就讓司馬文武追新聞，但安全單位馬上就找到司馬文武，詢問消息來源，並威脅以洩露機密罪法辦司馬文武，最後余紀中以「泥菩薩過江自身難保」、「肩膀不夠寬」暗示司馬文武離開。余紀中為了應付臺灣政戰系統的壓力，特別指派具有軍方背景的人擔任主管。戒嚴解除之後，司馬文武開始在《新新聞》雜誌中關心臺灣司法獨立、司法改造、社會運動、監督政府、貪污問題。

蔣介石先生乘坐 UH2-A「海妖」直升機自臺北抵達美國第七艦隊核動力航空母艦「企業號」的甲板。（圖片和資料來源：香港鳳凰網）

蔣介石聽取對蓋格計數器的講解，蓋格計數器是用於偵測核輻射強度的設備。（圖片和資料來源：香港鳳凰網）

離別前，海軍中校 David I. Draz 檢查整理 蔣介石先生戎裝像
蔣介石先生的救生衣

蔣介石先生手書：攘外必先安內

2000 年，司馬文武參與起草陳水扁的就職演說詞後，出任臺灣安全單位的副秘書長，司馬文武認為那是滿足自己的好奇心而已。此後，他開始思考冷戰期間臺灣的問題，現在處於臺灣政治核心的人物，必須要毫不猶豫的效忠自己的領導或者是自己的政黨，否則如果有路見不平、行俠仗義的性格，則永遠無法在官場暢通無阻，而穩定的政治口號是媒體發展的嚴重障礙。

知名的專欄作家南方朔，早期長期與臺灣黨外人士互動，長期為黨外雜誌《美麗島》撰稿，並且三次進出《中國時報》，南方朔第二次回中時後，為報紙建立社論報社內部撰寫的制度，過去臺灣商業報紙的社論都委託給學術界。在 80 年美麗島大審之後，他參加了臺北第一次街頭運動。南方朔始終認為自己是自由左派，而臺灣媒體的新聞報導中的公共因素消失，留下的只有八卦。

80 年代被稱為臺灣「社運黃金十年」，為此文學作家楊度留下《強控制解體》和《民間力量》兩本社運觀察記錄。2007 年 1 月楊度為了馬英九的選舉，擔任國民黨文傳會主任，10 月離職，但楊度也認為自己「自由偏左」的政治個性始終不變。

從 70 年代開始一直在美國媒體服務的殷允芃，1981 年創辦《天下》雜誌。在多年推動宣傳臺灣經濟起飛的正面價值後，正在面臨媒體惡性競爭、廣告主侵蝕新聞專業。在《天下》二十周年時雜誌推出「2020 願景臺灣」和「319 鄉向前行」，臺灣的願景和本土化成為《天下》轉型後的主要思想。《天下》已成為臺灣經濟發展中精英和鄉土、大眾的橋樑，《天下》的辦刊理念是前《大公報》主編張季鸞提出的「不黨、不私、不賣、不盲」。

前《聯合報》環保記者記者、現在的電視名嘴楊憲宏，畢業於醫學專業的他從事新聞主要原因在於，他希望糾正報紙上有問題的醫療新聞。1983 年他報導反對大學分校蓋在臺灣水質最好的翡翠水庫旁，報導醫院長期給盲眼病人開名為多氯聯苯的錯誤藥方。另外報導味全的 AGU 嬰兒奶粉的鈣磷比例失調後，味全老闆直接到《聯合報》老

闖王惕吾辦公室質詢，王惕吾只問：「我們這位記者有沒有寫錯？」之後楊憲宏提出解決辦法：一要道歉，二要回收產品，三要賠償所有家屬損失，事後所有這些問題都由臺灣消基會負責具體處理。這些經驗都值得我們借鑑。

臺灣醫院的病歷都用英文書寫，這和香港情況一致，病歷在以前是不給病人的，通常有糾紛時才能調閱，當然，這也具有保護醫療隱私之用，但現在也已規定，病人有權利要回病歷。被媒體監督的醫療體制，現在已經改變很多，並建立較為先進的全民保險體制，儘管某些時候入不敷出，但保證弱勢族群就醫成為最高行動原則。

臺灣的醫療問題在很多時候比大陸還複雜嚴重，因為臺灣醫院醫生開的藥方都是英語書寫，因此絕大多數病人是看不懂醫生寫的藥方，所以只要有醫療糾紛處理不當，行政單位才有權力調閱藥方內容，這樣會常常會被百姓遊行和投雞蛋抗議，並引起全社會的震盪。

前臺灣「中央社」的記者黃肇珩女士，是胡適去世前最後兩小時接受採訪的記者，她以新聞導語「胡適死了」為題，發出通稿，她介紹了臺灣官員非常注重新聞中自己的位置和出席太太的名字是否正確，不然官員會來抗議，理由是：他的親友會以為他已經離婚或者夫人去世，多寫和寫錯夫人名字更加麻煩。

臺灣教育部門的領導人、前政治大學校長鄭瑞城先生在名為《追求烏托邦》的推薦序中提到，臺灣在威權體制的戒嚴時代，一位在70年代受過牢獄之災的作家甚至以「看過地獄回來的人」來形容那個時代的臺灣，臺灣在經歷過四十多年的戒嚴統治後，終於到達民主的彼岸。這期間媒體通常都是政府的工具，記者習慣於幫手的角色。只有少數的媒體人堅持新聞專業理念，以強烈的使命感、正義感和理想性，堅持正確地報導事實真相，堅信媒體和記者既是穩定、更是改革社會的重要動力，但他們常常在政府宣稱穩定的前提之下，被冠山「亂源」的封號。

　　鄭瑞城先生更認為，臺灣媒體亂源問題，是臺灣民主轉型必然面對的。在臺灣戒嚴時代，知識精英和媒體人追求的畢竟是烏托邦的狀態，現在臺灣要真正進行民主建設時，烏托邦已經結束，面對現實，可能需要一段時期，臺灣的政治狀況也許會變得更糟糕，但臺灣人對於民主的渴望已經使得臺灣無法再走回頭路。

　　這也許就是直到現在馬英九無法再回任黨主席的原因，這些因素在大陸的媒體中很少提出。

　　張錦華教授在序言中同時指出，儘管臺灣媒體的自由度有了很大的提高，但媒體的惡質競爭，使得新聞品質每況愈下，包括選舉灌票、新聞造假。炒作自殺、緋聞、犯罪、暴力等狀況頻傳，形象日益低落。世界知名的愛德曼公關公司在 2006 年公佈一份報告，臺灣媒體的信賴程度確是敬陪末座，其信賴度竟然比行政單位、企業、非營利組織的信賴度都低。這份報告中的信賴度是指臺灣人對於媒體的信任程度。

　　臺灣新聞傳播界討論的新聞報導的典範多是美國媒體的英雄，但臺灣本土媒體人多半是停留在抗戰時期的張季鸞和《大公報》，這本《黑夜中尋找星星》[†]則記錄了臺灣資深記者的生命歷程，並且臺灣大學新聞所還開設了「傑出記者駐所計畫講座」。

[†]　《黑夜中尋找星星》一書由《中國時報》知名媒體人何榮幸先生策劃並書寫導論，再由臺灣大學新聞研究所前所長張錦華教授主持召集師生共同參與採訪，主持書中所涉及的十七位記者的採訪，並且臺大林麗雲教授和洪貞玲助理教授協同主持，此外，在該書並得到元智大學的徐元智紀念基金會贊助出版。

由臺灣國立政治大學馮建三教授主編的另一本深具影響力的書。

臺灣學生對於媒體的評價。

由政治大學教授馮建三教授倡導的臺灣社會運動刊物開始出版。

早年政大新聞館。

臺灣社會的「在地化」痛苦[*]

在全球化大的意識形態前提下，「在地人」的思想一定與之劇烈摩擦，臺灣精英所推行的全球民主化一定受到「在地文化」的強烈抵制。馬英九現在的道應該是在「全球化」和「在地化」間建立溝通管道，特別是在臺北官員和地方官員的溝通方式和方法上。

臺灣《商業週刊》第1095期發表發行人金惟純先生的一篇重量級文章，這篇名為《臺灣「大道行之」時代降臨》的文章，直接指出臺灣領導人的全域觀問題。臺灣前景的大勢和人心向背是「道」和「術」，根據臺灣數十年的變化，蔣經國時代是「道術兼用」，李登輝時代則是「重術輕道」，陳水扁更為極端變為「有術無道」，馬英九按照現在的發展應該是變為「重道輕術」。

金惟純先生對於兩岸一直有著非常深入而且獨到的看法，在短短幾字間就將臺灣領導人的管理能力和傾向說清。臺灣發展進程中不止

[*]　本文發表於《大公報》2008 年 11 月 25 日。

是「道」和「術」的問題,在全球化大的意識形態前提下,「在地人」的思想一定與之劇烈摩擦,臺灣精英所推行的全球民主化一定受到「在地文化」的強烈抵制,馬英九現在的道應該是在全球化和「在地化」間建立溝通管道,特別是在臺北官員和地方官員的溝通方式和方法上。

筆者與《商業週刊》社長金維純先生,金維純先生對於兩岸問題始終持有獨特觀點。

《商業週刊》雜誌社內的標誌。

《商業週刊》雜誌社內的工作人員。

《商業週刊》內容涉及的多元化思維。

「公民運動」更趨包容

對於公民社會和公民運動相當重視的元智大學人文社會科學學院院長劉阿榮教授，在其《三民主義社會變遷理念及其發展》一書中就指出，意識形態在古希臘羅馬早已有之，但馬克思對於社會變遷與人類關係的闡述迄今為止是最深入的，人的觀念、想法、意識的產生與人的物質生產息息相關，而且與人的物質交易活動息息相關。因此人的「社會存在」決定了人的「社會意識」。這樣臺灣的全球化民主進程必須以臺灣「在地人」的思維為主體，但西方強勢文化並不一定尊重和吸收「在地文化」，這是臺灣的公民社會發展的主要障礙。

另外，劉阿榮教授在其主編的《華人文化圈的公民社會發展》一書中也指出，臺灣民主化發展儘管不快，但可以算是相當溫和。在八十年代前後，臺灣風起雲湧般出現各種社會運動，這其中許多可以被視為「公民運動」，但其屬性上仍然是「被動員的」、「缺乏討論的」、

「欠缺包容和尊重的」。最近的若干「公民運動」則增加了自主性、直接參與、理性討論和尊重包容的精神，因此被賦予「新公民運動」。「新公民運動」則主要分為：審議式民主、公民論壇、示威遊行、公民投票。

臺灣年輕人與中華文化

民主化進程受阻礙

臺灣的公民運動應該屬於全球化進程的一部分，而全球化中的民主價值應該是其中的一部分。整體來講，對於大陸和臺灣，這些都是舶來品，如何把這些價值具體落實下去，則是首要問題。在落實的過程中，地方官員和民眾則是主體，如果民眾對於這些價值視而不見，只是在自己遇到困難時才會想起這些普世價值，那就為時已晚，而地方官員為了地方利益，不擇手段來消費全球化和民主價值，這樣就會產生任何有意義的事件經常是當天就被媒體和民眾「消費」完結。

最近在臺灣暴紅的電影《海角七號》則完全展示了在臺灣的風城屏東的變化。影片主人公在臺北無法發展，回到老家之後，也只是個郵差，自己喜歡的專業完全無法運用。因為在全球化和部分民主化後的臺灣，每一個縣市為了發展，經常是大家齊伸手向領導人要預算，完全沒有先後的概念，結果是一個概念經常被過度使用，沒有整體的效應。比如香港由於土地有限，樂園只有

文化的不同性和在地性也是聯合國教科文組織關心的話題。

兩個，但品牌效應非常好。臺灣的樂園和休閒農莊遍地開花，並且常處在交通非常不方便的地方，這樣大量的外地觀光客更無從下手玩起。

臺灣中視大樓。

電影《海角七號》海報。臺灣歷來最受歡迎本土電影《海角七號》，較早前大陸本來對公映有不同意見，但最近與臺灣方面已經達成一致意思，允許在大陸上映。

《星島日報》美西版　　　《星島日報》歐洲版

這名男子被質疑可能是扁辦工作人員，每天都穿著抗議白衣趕場亮相。

　　臺灣官員的本土思維，已經完全影響到全球化在臺灣良性發展的效果，而且在民主化進程中，臺灣民眾的團結觀念集體喪失，在面對問題和困難時，抱怨成為主軸。現在可以看出，臺灣地方官員對於來自臺北方面的各種行政命令的理解非常有問題。

　　臺灣在公民運動、全球化、民主、自由等相關問題上遇到的問題和大陸是一樣的，就是如何落實。大陸官員常常不適應全球化，但很會內鬥，常常是以國家穩定的名義來制止任何的改變，而且最讓人難以忍受的是這些官員還要為了分享部分改革人士所創造的財富，而想出各色各樣的規定，直接切割改革果實。臺灣在民主化過程中，臺北的民主化進程是最早被確認下來的，但這種民主化進程卻在臺北以外的地區確發生了變化，這些變化是如何維護地方利益成為民主化進程的最大挑戰。

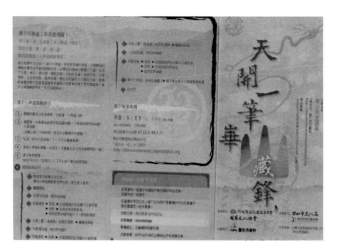

臺灣的中華文化繼承與發展的比較好。

臺灣竟然有新疆口味。

本土思維需要革新

其實在大陸的媒體同樣有「在地化」的問題，如大陸重量級評論報紙《南方週末》一直在全球化最全面的廣州發聲。《南方週末》是否就完全倡導新聞自由呢？其實不然，《南方週末》在很大程度上是「在地化」後的聲音，這種「在地化」就是反映了來自廣東和福建的聲音，對於中國大陸而言，廣東和福建一直就是非常特殊的省份，尤其是廣東。

《南方週末》在某種程度上反應的是一種來自廣州「在地文化」後的多元文化的聲音，這種聲音是大陸寶貴的財富，即使是在很大程度上官員不太喜歡。其實廣東的官員更不喜歡這樣的聲音，但是在廣東越是基層的官員包容度越大，因為不如此，那麼很快這些官員的惡行就會在頭版出現。

臺灣在全球化和民主化過程中，如何在民主化框架下自然加入「在地化」進程，是未來馬英九政府面臨的主要挑戰。臺灣官員經常把「在地化」執行為沒有全域觀和自肥。

高樓旁的寺院。

節日中的廣場。

臺灣的多元思維。

故宮文物的複製品經常拿出來被展示。　　　臺灣捷運站中的數字故宮。

臺灣民主的人情債和短視[*]

根據臺灣《聯合報》的報導，當馬英九施政滿意度跌落谷底時，連戰曾兩度當面「提點」馬英九，措辭頗直接。據透露，儘管連戰已退隱江湖，但仍關切政治，尤其新當局陷入施政困境時，連本人更是頗多憂慮。日前兩度與馬英九會晤，從用人、危機應變等方面「該講的話都講了」。筆者認為，現在馬英九出於對美式民主的迷思，可能對於兩岸關係還在忙於具體細節的完善上，對於美國對臺售武，基本上還會配合美國的戰略。中國大陸在對臺關係上也要展開戰略，甚至兩岸可以開始商

量軍事聯合演習的可能性。兩岸需要創意，不需要馬英九式或者大陸臺辦式的老好人，光花錢，不見效。在美國日趨衰落的今天，大陸應該開始更加有信心推廣自己的統一模式，俄羅斯已經在獨聯體國家行動了。

---

*　本文發表於《大公報》2008 年 10 月 15 日。

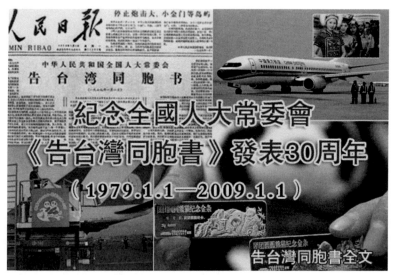

2008 年 12 月 31 日香港大公網首頁。

擺脫美國干擾

　　對於臺灣申請加入 WHO，參加 WHA 大會，大陸政府應該積極回應、慢慢處理，因為這是臺灣的正當、合理要求，是緩和兩岸氣氛的先決條件，但礙於大陸政府各各部門在協調起來的慢速，謹慎是必要的條件，但一定要排除不作為的老習慣。因為臺灣在蔣經國後，就基本上沒有世界觀，大陸應該以內地和香港的 CEPA 模式，主動出擊。當年中俄兩國發展關係時，中方人員對於俄羅斯發展獨聯體關係頗有微詞，認為那都是在輸血，獨聯體國家向俄羅斯提出的要求基本都不合理，烏克蘭更是其中的典型。但在南奧塞梯事件之後，看來俄羅斯的外交方向沒有太大問題，獨聯體國家都開始支持俄羅斯的決定。

　　兩岸關係需要盡快擺脫美國的干擾，現在俄羅斯和獨聯體國家正在擺脫北約的干擾，甚至北約國家中的冰島已經向俄羅斯求救了。兩岸發展緊密經貿關係具有相當意義，當然這其中面臨一些概念的限

制，這需要突破。大陸某些時候要多管齊下，相互協作，不要讓一個部門空耗時間，搞一些動物交換。臺灣在陳水扁治理時期，格局不大，但在馬英九當政的這段時間，一定需要把握好機會，加速兩岸的融合，排除大陸政府部門便宜行事的老習慣。大陸官員常常嘴裡喊著口號，私下維護部門利益。這是兩岸間最大的障礙，在馬英九執政期間，大陸還是應該要注意自己的言行。

　　從嚴格意義上來講，連戰真正是蔣經國時代培養出來的官員，而馬英九應該算是看客而已。連戰最大的特點就在於有戰略眼光，並且在兩岸關係處於低迷狀態時，大膽開啟破冰之旅。但這種戰略思維最大的障礙就是民主選舉，民主選舉尤其一人一票的公平性質，但候選人潛在的個性卻很難被選民發掘，這樣擅長選舉和擅長治理成為兩回事，在韓國、泰國、臺灣、菲利賓選舉後相繼出現問題的今天，選舉不能夠選舉出適合的領導人應該已經成為亞洲國家的常識。民主選舉應該是在經過若干年的選舉薰陶下，逐漸形成的模式。

臺灣檢察院和公佈的政治獻金情況。

商業化後的臺灣中央通訊社，中央社新聞部的新氣息。

缺乏自我特點

臺灣在民主化進程中，主要的參考對像是美國或者西歐國家的民主經驗，對於臺灣民主發展的特點，臺灣的學者或者官員的總結明顯是不足的。

這一點臺灣和大陸有著明顯地區別。中國大陸在採納任何的改革措施時，首先考慮的是這些措施是否適應中國的國情，如果該措施不適應的話，那麼這些措施就會順延實施。比如在 2000 年中國進入世貿後，中國在銀行體系的改革措施，一直順延，直到中國銀行變得非常強大時，一些國際化措施才逐漸被中國銀行體系採納。

這次陳水扁出問題的同樣是臺灣的二次金改，當時行政單位認為國有銀行要在規定時間內減半，並且以金融集團的形式出現。儘管這樣有利於銀行，可以提供更多的金融產品給客戶，當時臺灣經濟還處於低迷狀態，但這樣一項模仿西方金融改革的方案，變成為掏空臺灣資產和腐敗的方案。

國民黨自 2000 年失去政權之後，黨內的向心力主要依靠黨員的個人關係和黨產來維持，原來在上個世紀九十年代經常使用的買票行為，在臺灣北部已經基本上沒有任何的效果，即使在南部，也是看樁腳和民眾平時的感情而定，如果平時樁腳不得人心的話，即使政黨把

錢分下去，在選舉中的效果也是沒有的。這在 2000 年至 2004 年的選舉中有明顯的跡象。

民進黨則主要依靠黨內原來存在的悲情氣氛和官位來維持。悲情牌主要以臺灣的本土意識為主，民進黨在 2000 年後選舉中主要面臨的問題是提高泛綠選民的投票率，因為泛綠選民普遍都是出於社會基層，這樣因為個人的生意等問題，往往休息日是小生意最好的時候，影響了整體的投票意願。當時民進黨曾經考慮是否把選舉投票日選在工作日，但因為這樣嚴重影響臺灣的民主形象而作罷。但這一點在俄羅斯確是有前例可循，當時支援葉利欽的選民大多數是中產階層，如果選舉日定在休息日

普普文化在臺灣

的話，在當時選情緊繃的狀態，葉利欽非常有可能在選舉中失敗，於是葉利欽利用權力最終將選舉日定在工作日，最後葉利欽以微弱多數取得了選舉的勝利。

臺灣在以選舉為中心的社會體系中，因選舉而產生的人情債成為臺灣政壇的主要特徵，官位、金錢等成為還人情債的主要標誌。包括民進黨和國民黨在內，都存在還人情債的問題。

中西文化在臺灣-1

中西文化在臺灣-3

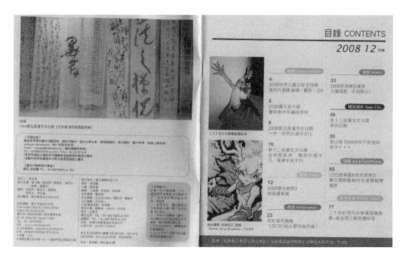

中西文化在臺灣-2

克服民主障礙

如何克服臺灣民主進程中的障礙成為馬英九主要面臨的問題，恢復臺灣官僚體系的自信和專業堅持，應該是近兩年馬英九的設想。從現任的行政系統領導人劉兆玄的表現和承擔可以看出一些。在執行油價上漲的政策後，儘管馬英九民調大幅下降，國民黨的部分人士還落井下石，民進黨也開始舉辦嗆馬大遊行，但馬英九希望訓練行政團隊的決心，現在看來並沒有任何的改變。

恢復官僚體制的高效、清廉、奉獻精神，可以避免在民主選舉中留下人情債。馬英九需要做的不應局限於具體事務，需要的主要是創意和戰略，某些時候需要和美國對抗的戰略，如果並非如此，會變相

臺灣便利店中放報紙立架限制了報紙數量的發展。

臺灣書店中的外國雜誌更多，但基本都為英文雜誌，學習英文的雜誌更多。

成為美國的棋子。其實臺灣的歷屆領導人最終都將成為過渡性人物，蔣經國之後的李登輝、陳水扁已經成為歷史，那麼馬英九是否是下一個呢？全世界華人都不希望馬英九最後成為美國的馬前卒和幫兇。

筆者與臺灣中國文化大學俄語系系主任李細梅教授。

媒體不是奧運的障礙[*]

據人民網 8 月 7 日報導，國際奧委會主席羅格在奧運主新聞中心召開新聞發布會。對於奧運會在中國舉辦，羅格主席認為，這對中國的意義是非常大的，世界各國各地區的人民可以通過奧運會來瞭解中國。中國對於世界上大部分國家的人民來講還有一點神秘，通過奧運會，世界各國的人民都會看到這個國家有五千年的傳統、五千年的文化，他們會看到一個非常出色的國家，這會改變世界對於中國的看法，這對於世界其他國家的人民來講同樣是非常重要的。

總體而言，這次中國舉辦奧運會是中國在 1840 年後最重要的展示之一。當然其中的不足要事後總結，但對於媒體的正常採訪和維護新聞自由，則一定是中國政府能夠做到的，儘管很多的媒體並不能夠在報導中指出，但我們在心中一定要清楚，在奧運會之後，中國的資訊公開將會在法律的基礎之上，得到一些基本的保障。

---

[*]　本文發表於《大公報》2008 年 8 月 12 日。

新聞自由需要包容

　　當中國舉辦期盼百年的奧運時，中國整體首先面臨來自西方世界媒體挑戰，或稱挑刺。如果仔細分析，媒體並不能夠成為中國舉辦奧運會的障礙，而且這是中國在與世界接軌過程中必須經歷的過程，可以說中國在進入世界貿易組織的幾年後，奧運會是中國經濟和政治的成人禮，之後中國將會以更加開放和自信的姿態進入世界先進國家的行列。

　　中國如果能夠包容西方媒體，這將是中國自身媒體發展的主要標誌。因為西方媒體在百多年的發展過程中，基本上是以負面新聞和新聞自由為主要標誌。百多年前，西方新型資本主義的興起，主要是建立在國家主義基礎之上，此時，政黨、政府、宗教三者基本上處於全力平衡的狀態之下，這樣工業革命後的資產階級的利益代表則變得非常複雜，此時國家中的政黨並不能夠完全代表資產階級的利益，而國家也不能夠代表。對於這一點，在一次世界大戰和二次世界大戰中表現得尤為突出。西方世界的世界大戰是政府、政黨或者跨國企業等複雜因素不可調和的最後產物，這樣西方為了保證整體利益的平衡性，而死心塌地貫徹新聞自由，包容新聞自由的不利因素，甚至在向外推銷和西方世界不同標準的新聞自由。

　　對於媒體而言，新聞採訪自由是任何新聞事件必須的因素，尤其在中國奧運期間。其實，對於中國而言，如何保障來自香港和臺灣媒體的新聞自由，是實現中國特色新聞自由的前提。香港在回歸十年間，媒體在保障香港行政的公開透明的進程中，扮演了非常積極的角色，甚至香港一位擅長搞花邊新聞的資深媒體人向筆者透露，現在香港的花邊新聞資源已經很少，在香港，每一位訪客和公民都可以體會到新聞自由的好處，同樣也會私底下感歎「一國兩制」的奇妙之處。

安全成為重要標誌

中國在舉辦奧運期間，安全成為是否能夠取得成功的重要標誌，但在這裡，筆者需要指出的是，負責奧運安全的主要是武警等政府力量，這樣就會和新聞採訪自由之間產生隔閡，因為武警在執行任務時，常常分寸掌握得不好，就像之前奧運會門票購買期間，發生了推擠現象，但最糟糕的是維持秩序的武警和前來採訪的香港攝影記者發生糾紛。

另外，西方媒體和中文媒體的作風是完全不一樣的，西方媒體喜歡負面新聞，但中文媒體喜歡八卦，這包括政治八卦。像這次在北京建造的幾個氣勢恢弘的建築，就遭到來自一些美國和香港的中文媒體的消遣，但中國在這三十年的改革建設中，北京確實在標誌性的建築建造方面缺乏建樹，很多標誌性建築風格領先的時間太短，只是在奧運前，集中建設確實值得商討。但這都需要官員包容和理解新聞自由的理念。

中國官員平時處理問題的習慣是所有的行業和單位都要讓位於自己的計劃，這樣好讓自己有一個比較平和的環境安靜處理問題。這種金字塔結構的處理方式，在任何的跨國企業裡，其實早就被拋棄，金字塔結構早就變為蜘蛛網型的有效結構。

現在中國經濟領域的官員基本上都已經汰舊換新，但在一些壟斷行業內，則還存在很多舊式思維的公務人員和官員。這些官員普遍存在的思維是：幹的多，拿的少。但如果拿他們工作的時間和效率相比，其實可以看出，這些人的工資都太高了。

中國基層官員有個本事，就是經常會將自己的問題和上級扯在一起，使得基層和上級形成共犯結構，這間接形成出問題的老百姓經常會上訴無門的窘境。中國官員需要培養對於底下官員基本的辨別能力，玩帝王駕馭術不是永久之道。比如在甕安事件中，原本縣委書記請省委副書記考察，是為自己背書，但最後省府官員動用很多其他管道得到真實消息，這樣非常迅速的解決了民眾長期的積怨。

官員理念需要更新

　　未來中國官員一定要當「不沾鍋」，進廚房就一定會受傷，不要太在乎自己的官位，多培養第二技能。像香港很多官員辭職之後，到公司工作，薪水更高，臺灣官員則是辭職後，就會到大學任教。

　　在奧運過程中，倒是東突這樣的恐怖組織才是中國需要持續面對的挑戰，不能夠藐視，認為是一群烏合之眾。

　　媒體決不是中國舉辦奧運的障礙，即使面臨來自西方的刁難，那也只算是雕蟲小技而已，胡總書記已經講過，那只是不同國家的不同理解而已。另外，如何維護香港媒體的自由採訪，應該是中國承諾的第一步。

臺灣體制開始轉型[*]

　　根據8月2日臺灣聯合新聞網報導，臺灣第四屆監委就任後立即召開第一次會議，這樣臺灣監察系統在停擺三年之後，在王建煊的帶領下開始正式運行。王建煊在宣誓幾小時之後，馬上和二十四個監委舉行五個多小時閉門會議，然後舉行記者招待會，當場針對巴紐案、國務機要費案、鐽震案、地方首長頻繁出國案等廿四件社會矚目的大案，進行抽籤，每位監委負責一案。王建煊強調，「未來四個月是黃金期」，希望廿四件大案能完成四分之一。這樣臺灣在經過選舉政治和民進黨時期的民粹主義政治之後，開始向五權「憲政」體系政治轉型。這種轉型是建立在臺灣政黨政治弱化，行政體制混亂、媒體個人英雄主義盛行的基礎之上，這個時期轉型代價最小，儘管現在的狀況受到媒體和一些已經退休的政治人物的責難，但轉型已經開始，如果臺灣政治人物不能夠抓緊的話，四年後將很快被拋棄。

8月8日的《大公報》。

---

[*]　本文發表於《大公報》2008年8月8日。

《大公報》奧運會特刊。

臺灣政治形態老化

　　臺灣前監察院長王作榮先生在《聯合報》發表題為：《搬尊菩薩做院長：小鋼炮沒進入狀況》的文章。在文章中，王先生認為，臺灣監察院原來是民意機關，性質相當於兩院體制的上議院，後來李登輝怕被彈劾，修改法律，把監察院變為一個屬性不明的怪胎。其實，應該是王先生沒有理解臺灣進入未來政治體制的現狀，現在應該是臺灣進行政治體制轉型的最佳時機，代價最小。因為臺灣普遍存在職權不清的問題，如果監察系統不能夠對於行政和民意系統內出現的問題，進行監察的話，這樣臺灣社會更加混亂。如果監察系統能夠做出初步的判斷，接下來，恐怕是不等監察系統做出最後的判斷，馬上就會有媒體、民意代表、政黨、民眾等，做出符合各自特點的行動，這些人在處理問題上無權無責，但在道義譴責上力道十足。此時，這些出現問題的人員，不辭職都難，未來這些沒有牙的老虎，處理起來會更容易。

　　《聯合報》是在中華民國發行的中文報紙，由媒體人王惕吾於 1951 年 9 月 16 日創立，是臺灣報業的龍頭之一。當時為由《全民日報》、《民族報》及《經濟時報》所組成之聯合版，至 1953 年三報正式合併，成為今之《聯合報》。

　　《聯合報》立場有偏向保守派的情形，這可以由社論、記者特稿、報紙投書，及先前對美麗島事件、刑法一百條及青春達人國中生性教育學生自學手冊之看法得知。

　　《聯合報》報導上被視為偏藍，其社論在李登輝執政之前直言批判中國國民黨（國民黨）的情況較少。除非政府作為過份：例如 1954 年內政部頒布《新聞禁例》，《聯合報》遂發表〈史無前例的新聞禁例〉等三篇社論反對限制新聞自由，後行政院駁回此案；1958 年政府有意循修正《出版法》的途徑，賦予行政機關對報紙及雜誌行政處分權，《聯合報》又陸續發表九篇反對違憲修法之社論。

　　聯合報雖為民營媒體，但王惕吾發行人是國民黨中常委，因此常被泛綠陣營與其支持者認為是國民黨的「御用報紙」。在李登輝總統執政期間，聯合報以反李立場建立在野形象，反對淡化「中國」與「臺灣」關聯，所以立場較接近其他泛藍政黨如新黨和親民黨，而非泛綠的民進黨。

　　2000 年民進黨執政、李登輝脫離國民黨後，《聯合報》對民進黨政府批評，評論偏向泛藍立場更加明顯；聯合報在政黨輪替前就受民進黨惡評、政黨輪替後幾乎失去完全泛綠市場。於各項選舉中，聯合報則以「報導較多好消息」、「較多讚賞」及「塑造正面形象」方式明顯偏向國民黨候選人。例如：2006 年臺北市長大選。（資料來源於維琪百科）

《聯合報》與美國《紐約時報》的合作。　　　　《聯合報》的 U-paper

選舉政治並不可行

　　臺灣內部急需解決的最大問題是黨政需要分離，並且黨政在運行過程中出現的各種弊端，都需要臺灣監察單位統一進行處理。對此，2000年後民進黨對於監察單位的作用並不十分理解，因為作為執政黨的民進黨當然不希望自己的任何作為受到監督，並且在媒體第四權的理論影響下，民眾都以為媒體對於政黨和行政單位會真正執行監督的職能。但在兩千年之後的八年間，儘管民眾能夠參加各種政治的叩應（Call-in）節目，但隨著節目中的口水增加，民眾對於政治的熱衷度則逐漸減退。民進黨八年執政的最大問題就在於過度關心即時的民意，對於如何引導民意的走向，創造出具有未來遠景的社會環境，缺乏總體規劃。2008年後，在未來的規劃和民主走向上，民進黨需要重新規劃。

數位電視時代來臨，無線電視業者所提供　目前數位電視時代已數位化，在車內即可收視
的數位電視服務（圖／行政院新聞局提供）　　　（圖／行政院新聞局提供）

臺灣媒體的數位化

　　臺灣現在的行政和黨的力量角力在五月底石油價格高漲後達到頂峰，行政系統領導人劉兆玄在宣導完全市場經濟的前提下，沒有考慮到民眾的心理狀態。此時，一向以民意為依託的民意代表則在所有的政治節目中對於行政系統的決策，提出全面的質疑。七月三十一日，本來石油價格還要向上調整，但在政黨、媒體和民意代表的壓力之下，被罵為「冷冰冰」的執政團隊開始考慮民意，並停止石油漲價。

《經濟日報》、《聯合晚報》的三通報導

　　其實媒體的監督權在整個政治體制運行中，還是存在的，但這並不表示媒體可以監督任何事件，並能夠解決政府出現的腐敗和行政不端問題。比如，前一階段，臺灣大考中心出現問題，今年大考中心收到 3200 多名考生要求複查指考成績，比去年多約千人，大部分複查的考生分數不動如山，這是早就可以預知的，但有三名考生的考卷被閱卷老師漏閱，獲得較多的加分，大考中心可否公佈這幾份考卷的閱卷老師大名。對於這樣的問題，臺灣知名媒體人趙少康先生連續發表三篇文章，但對此大考中心仍然不動如山，對於這種行政上程序正確，內容存在較大疏失和爭議的行政專業問題，這必須要由監察系統來做出專業初步判斷，媒體還有其他任何單位此時是幫不上忙的。

翁秀琪

現任──
國立政治大學新聞學系 教授
財團法人公共電視文化事業基金會 董事

尋回電視媒體報導的中道價值

臺灣的電視頻道數量及密度是全球數一數二的，而公共電視頻道目前只有公共電視臺一家，在這樣的媒體環境下，各電視臺基於商業考量，只得卯足全勁追求收視率。

看看臺灣電視晚間八點鐘開始的談話性新聞政論節目，就可知道臺灣的言論光譜是愈來愈兩極化了。在極端化新聞報導趨勢下，如何找回電視媒體報導的中道價值，個人提出五項建議方案：

一、改變電視結構，推動無線電視公共化政策。
二、回歸「好新聞」的價值，強調新聞最終是報導事實真相。
三、提升媒體與新聞工作者的視野與心胸，朝國際化方向努力。
四、推動媒體公民教育，使公民瞭解大眾媒體的運作機制，成為耳聰目明且具批判能力的閱聽人。
五、製作個人化的媒體；運用日益平價的傳播器材，提倡製作個人化媒體平臺，人人都能發聲。

陳清河

現任──
國立政治大學廣播電視學系 系主任
國立政治大學廣播電視學系 專任副教授

廣電產業的親近性應回歸公共利益

臺灣整體廣電產業已從單一系統轉為多系統經營；從勞力密集轉為資金與科技密集；從傳播乃至資訊即將轉為電信服務；從個體與政黨體制轉為水平與垂直市場整合，以及從地方化轉為全國化乃至全球化的架構。

從1996年-2003年的發展可見，臺灣廣電產業的變化的確超乎預期，其中含括藉由法規的制訂與鬆綁，使此媒體成為合法且多元化的行業；經過市場競爭使其具有更多誘因，吸引更多經營者參與；而高度的滲透率更奠定其成為民眾的生活必需品，如今，廣電產業已被視為準公共事業的範疇。

所以，如何使市場與科技快速進化，仍可擁有「共有、共治與共享」的機制；以及如何透過科技，落實解決因地形與偏遠關係造成之接收問題，所引發媒體近用不公或數位落差的議題，皆是重要的廣電產業議題。

張開眼睛看世界　伸展手臂擁抱它！

什麼是電視？什麼是節目？什麼是新聞？二十一世紀，許多二十世紀大家習以為常的思維、傳播學院教的理論、概念，都正被顛覆著。

理論正被改寫、系統正被破壞、生態正在重整，全球化與數位化帶來的匯流，讓所有身在其中的人、關係、資訊、娛樂來源都不自覺地跟著或快或慢的做「調整」。

是好？是壞？歷史從來不等學者的討論，成功也非研討會中可找到答案。我親愛的臺灣人、臺灣電視人、臺灣媒體人，如何利用美麗婆娑的島嶼，創造另一個臺灣媒體的奇蹟？「張開眼睛看世界、伸展手臂擁抱它」，電視不進步，使用者在進步，電視就會被淘汰；反之，雙贏，不很好嗎？

彭　芸
現任—
國立政治大學新聞系 教授
臺灣經濟研究院 顧問

彭芸

林育卉
現任—
財團法人廣播電視事業發展基金 執行長

林育卉

媒體識讀能力的提升
將有助創造「合理化」的媒體環境

臺灣媒體多元活潑的爆發力和無窮無盡的生命力一向是舉世罕見。而靈活多變的臺灣媒體現今正站在潮流的轉捩點上，因應數位科技匯流，國內媒體將何去何從？未來的媒體又將如何定義？值得關心媒體的大眾一齊參與。

廣電基金於2003年重新尋找定位，以從事媒體公共事務服務作為使命，對廣電業界的人才培訓、未來大媒體潮下的因應策略、閱聽大眾對媒體事務關注力的凝聚及鼓勵優秀媒體人寶貴的創造力等，都是近期內戮力發展的目標。

對臺灣整體媒體電視產業，有以下建議：

一、臺灣應全力發展具本土特色又有國際視野及競爭力的媒體環境。

二、政府及投資者應重視媒體所創造的柔性國力，並勇於投資文化創意產業。

三、媒體改造並非單單只是業界或學界的責任，而是人人有責。

四、各界應重視數位匯流後媒體的生存經營模式。

五、媒體首重自律，若自律不足應尊重他律。

臺灣政大學者的觀點。（資料來源：中華民國電視年鑑）

媒體只能監督個案

現在臺灣新的形式就在於，人數眾多或者數額龐大的貪汙行為，已經大幅減少，直到現在為止，也只出現了第三河川局局長喝花酒的弊案，但是對於很多的縣市長過多到國外考察的問題，卻沒有任何的解決辦法。

現在對於很多的臺灣官員而言，直接貪汙，被視為愚蠢的行為，因為臺灣很小，如果貪汙後被抓到，則以後很難在臺灣繼續生存，如果逃亡，則永遠不能夠在臺灣生存。但過度使用行政權，則最多是道

義譴責,而且花錢數目絕對不少。這種現象,在大陸同樣存在,比如很多人貪汙個百萬千萬,就會被判刑,但如果過度濫權,同樣可以拿到百萬以上,而且還十分安全,並且可以持續不斷享受,最後頂多是承擔道義指責。

馬英九現在正在將黨政運行區分開來。在陳水扁時期,當行政力量的問題處理上出現問題時,黨的系統則全面為錯誤的政策護航,這樣最後陳水扁、臺灣行政系統、黨的系統和「臺獨」相互絞在一起,形成糊狀,變成沒有正義、沒有是非、沒有對錯、只問藍綠的共犯體系。臺灣監察系統的正式運作,是臺灣走向穩定的標誌,只要有真老虎立在那,即使不咬人,也讓人懼怕三分,畢竟臺灣的公民社會已經成型,社會輿論相當強大,只是需要監察系統提供材料而已。

臺灣民眾關心四川災胞[*]

　　四川大地震拉近了兩岸人民的距離。臺灣媒體 24 小時密集報導巨震消息，社會各界發動救災捐款，這是民進黨執政時久違了的感情，畢竟大陸和臺灣一樣，作為中華民族大家庭成員，都深明「一方有難，八方支援」的道理。

　　2008 年 5 月 18 日《人民日報》頭版發表中共中央總書記胡錦濤在四川召開抗震救災工作會議並發表重要講話，強調眾志成城克服一切艱難險阻堅決打勝抗震救災這場硬仗。他明確指出，這次發生在四川汶川等地的特大地震災害，其破壞之嚴重、人員傷亡之多、救災難度之大都是歷史罕見的，抗震救災工作面臨著十分嚴峻的困難局面。幾天來，在黨中央、國務院和中央軍委堅強領導下，在國務院抗震救災總指揮部直接指揮下，抗震救災有力有序有效地進行。人民解放軍指戰員、武警部隊官兵、民兵預備役人員和公安民警以最快速度奔赴抗震救災第一線，臨危不懼，頑強奮戰，爭分奪秒解救被困群眾，發揮了主力軍和突擊隊的重大作用。同時《人民日報》海外版發表《世界華人血脈相連》的文章，指出華僑華人支持汶川抗災的呼聲，如浪如潮，叩擊著富有熱血的每個中國人的心弦。

兩岸情誼猶在

　　筆者正在臺灣參訪，有關四川地震，臺灣報紙和電視儘管還有一些雜音，但總體而言，瑕不掩瑜，為了籌款，在中視、中天電視臺和

---

*　本文發表於《大公報》2008 年 5 月 21 日。

香港鳳凰衛視舉辦的把愛傳出去的晚會中，那天仍是候任臺灣領導人的馬英九、臺北市長郝龍斌、桃園縣長朱立倫等都做捐款熱線的接線生，另外馬英九夫人周美青在四個小時的節目中從頭坐到尾當接線員。就連平時一向對大陸沒多少好感的前國安會秘書長、知名媒體人江春男（筆名司馬文武）也在臺灣媒體發表的《民族脊樑受傷了》文章中指出，四川大地震拉近了兩岸人民的距離，臺灣媒體 24 小時密集報導，社會各界發動救災捐款。民進黨在下臺前夕，也首次以行政單位名義對大陸提供 20 億臺幣賑災計劃。在人民的苦難中，一種血濃於水的感情油然而生。

臺灣在 2000 年後，民進黨執政，臺灣陷入前所未有的衰退，而衰退持續的時間相當長，其中最明顯的現象之一是表現在民意代表功能完全喪失和媒體的監督職能完全消失。媒體的亂象集中表現在電視媒體上。臺灣大學的新聞與傳播學院學者一直進行對媒體亂象的反思，但效果非常有限，因為臺灣媒體過渡到商業化階段後，如果再從過去的體制入手改革幾乎不可能，臺灣行政單位未來在媒體改革中發揮的空間有限。

18 日，臺灣《聯合報》發表元智大學總務長尤克強教授文章，文章指出，溫家寶總理對中共官員和解放軍說：「我就一句話：是人民在養你們！」在這次四川賑災行動中，臺灣的政府和民眾所表達的關懷，就顯示出一種超越性的普世價值，它不但發揮了最可貴的人道力量，也是社會改革的最好示範。公民在文化教養和舉止習慣上的倒退，比大規模的經濟衰退更可怕。

臺灣電視媒體在這次災難報導中最大的問題在於過度引用美國CNN 和日本 NHK 的報導。美國和日本的這些報導最大的特點在於：媒體人最喜歡站在一群混亂的人群前，胡亂解釋這一現象，都和奧運有關。基本上較具專業水準的有線電視臺的新聞節目主要是 TVBS、中天、年代、非凡和八大的新聞節目。

臺商紛紛捐款

在這次的災難報導中，香港媒體一直跟隨救災隊的後面，拍到很多非常珍貴的鏡頭。香港媒體注重新聞事件的描述，少評論，這次卻表現得相當專業。

大地震發生後，臺商也展現前所未有的熱情，在很短的時間內，臺商的捐款迅速超過 20 億臺幣（合 5 億港幣），現在總體捐款已超過 40 億臺幣。

5 月 17 日晚，香港 TVB 和臺灣 TVBS 合作，現場直播長達 4 個小時的募捐節目，臺灣 TVBS 籌得 4 千萬臺幣（合 1 千萬港幣）。

18 日上午 11 點，臺灣知名媒體人阿達在 TVBS 的節目中請來氣象學專家李先生和臺灣師範大學大傳所所長胡幼偉分析，在這個災難報導中臺灣媒體出現的問題，節目指出把地震比作原子彈爆炸能量是不合適的比喻，因為迄今為止，只有日本人因為第二次世界大戰受過原子彈的襲擊，這只是自然災害，如果以臺灣 9.21 大地震或唐山大地震相比較是較中性的說法。

媒體積極支持

儘管東森電視臺引用了中央電視臺的部分新聞鏡頭，但新聞分析卻充滿大量怪象，包括對地震數字的聯想，以及對在大陸發生過的地震聯想到各種政治事件。這些節目充滿冷戰色彩，純為吸引受眾眼球而製作，殊不足取。

三立電視臺在資料的掌握上還是比較匱乏的，所以只能夠在語言處理上多下工夫，這樣違背了電視新聞以畫面為主的宗旨。該臺幾乎所有地震新聞報導都是負面的，唯一可取的是在節目中打出「四川加油」口號。

　　當地震的消息傳來時，臺灣電視媒體主要的關注點包括：地震的嚴重程度、死亡數字和地震能量相當於原子彈的多少能量，以及失蹤的臺灣旅客和臺商。

　　臺灣一般的媒體人常常在「績效」的壓力下，將媒體的崇高理想當作一份工作來處理，完全無法抗拒低下的採訪手段和商業經營思維。資深媒體人當然有實力抗拒所有這些，但在這八年間，他們因與政府關係太密切，言論常常非藍即綠，令人失望。其實對於諸多問題，臺灣民眾並沒有太多自己的聲音，但這次大陸發生地震災難，臺灣民眾都對同胞關愛有加，大家無不抱持同情之心，含淚訴說感受。臺灣電視評論雖已失去作用，但今次事件使筆者這個大陸人都感受到臺灣民眾的溫情。這是民進黨執政時久違了的感情，畢竟大陸和臺灣都一樣，作為中華民族大家庭成員，都深明「一方有難，八方支援」的道理。

深圳《晶報》，以版本活潑見長。

非政府組織全球化中受益[*]

　　非政府組織在全球化時代的快速發展是建立在一些國家貪汙和資訊不透明的基礎上，另外，還有一些國家過度霸權堵塞了民眾發聲的管道。但如果非政府組織常採用極端手段表達訴求，那會減少其發展空間，是不足取的。

該篇文章對於 NGO 的發展
做出具體闡述

　　6 月 29 日蒙古國國家大呼拉爾（議會）換屆選舉投票舉行，蒙選民要從 356 名候選人中選出 76 名議員。蒙古國一些政黨和民眾以選舉不公為由，7 月 1 日在首都烏蘭巴托舉行示威遊行，並與員警發生衝突，烏蘭巴托宣佈進入緊急狀態。另外在中國的周邊國家尼泊爾，在 4 月 24 日選舉後，尼泊爾共產黨（毛派）在 240 選區中贏得 120 席，並且在比例代表制選舉投票中也獲得 30.2%的選票，成為尼泊爾第一大黨。目前，以普拉昌達為首的毛派正在積極著手組建新聯合政府，不出意外，尼泊爾將從封建君主國家轉變成「人民共和國」，一舉邁入新社會。這些發生變化的國家中，非政府組織扮演了非常重要的角色，但最終執政的政黨則各有特色。

---

[*]　本文發表於《大公報》2008 年 7 月 14 日。

　　現在世界發展已經進入多元化發展階段，政府的人員在應對各種變化中，經常會捉襟見肘。這樣，不管政府是否喜歡非政府組織，非政府組織的宣傳已成為整體世界的潮流，但非政府組織多採用極端手段表達訴求。

政府職能的補充

　　在全球化發展的今天，世界上很多國家都進入經濟發展的快車道，因此各個國家對於環境的破壞也是史無前例的，這也包括西方國家在內。直到現在為止，美國仍然是二氧化碳排放量第一的國家，而且美國還沒有簽署保護環境的京都議定書。對於環境的破壞使得自然災害頻發，成為二十一世紀開始八年的最深印象。

　　美國政府的政治模式最大的成功就在於「小政府、大社會」。「9‧11」後，世界各國的國家安全都變得更加具體，美國這樣一個最強的行政機構在人員上並不能夠滿足各個國家甚至是與美國關係密切國家的安全戰略需求，因為國家安全不但是防止外國的入侵，而且對於國內發生的各種自然災害都必須在迅速、人道、公開的基礎上解決。由於災害發生的偶然性，平時作為國家管理的行政單位和政黨直到現在為止還不能完全履行自己的職責。

　　因此平時比較注重人道關懷和環境保護等各個方面的非政府組織，可以有各種不同的表現機會。非政府組織的傑出表現，是建立在世界各國的領導人在人民心目中的集體印象都不是很好的基礎之上。例如美國總統布希的能力並不一定不強，對於各種不同的挑戰，布希的判斷能力確實存在問題。

在人權利益間博弈

非政府組織在人權和人道關懷上著墨較多,直到現在為止,發生顏色革命的國家一般都存在嚴重的貪汙腐敗案件,並且是從總統開始就存在嚴重的貪汙問題。

如格魯吉亞前總統謝瓦爾德納澤幾乎賣掉所有的國家資產,但換來的卻是大量工廠倒閉,工人失業,格魯吉亞國家的支柱產業就剩了葡萄酒廠和蘇打水廠。這樣每一年整個國家都瀰漫著謝瓦爾德納澤的貪汙問題的傳言。當年格魯吉亞總統謝瓦爾德納澤乘坐的賓士車,在連中兩顆火箭彈之後居然還得以生還,從中我們可以看出民眾多麼不喜歡這位領導人。

另外吉爾吉斯斯坦在發生顏色革命前,在首都比什凱克,每天早晨在城市邊上的幾個重要的街道上,會站滿各式各樣等待工作的人群。據筆者當時詢問,發現這個城市大部分的人都處於失業狀態,並且整個城市都充滿各式各樣的言論,這些言論基本上都圍繞在總統的貪汙問題上。標誌性問題是總統的別墅竟然建立在國家公園旁,國家公園內的湖泊竟然以總統的安全原因被禁用。另外大多數的受眾對於一些官員將國家的資源作為和其他國家跨國跨公司合作統統視為貪汙行為。總體感覺就是這個國家充滿了大大小小的貪汙問題。

在烏克蘭,民間對於當時的總統庫奇馬可能涉及的貪汙行為也討論廣泛,另外烏克蘭西部的旅遊資源沒有任何的開發,而東部的工業資產被大量賣給俄羅斯和西方,人民也是大量失業。

存在具有合理性

當然在國家初期發展過程中,存在一定的不合理現象是可以理解的,但為自己謀私利如果已經成為普遍的現象,那這就是威脅國家的真正貪汙行為。非政府組織在人權報告等相關方面,將吉爾吉斯坦和

烏克蘭、格魯吉亞等相關國家都列為人權狀況差的國家之一，是對於這一現象的直接證實。

非政府組織在人道關懷上基本上是建立在聯合國國際憲章的基礎上，儘管這樣的憲章在某種程度上存在一定的超前性，但如果認真執行的話，非政府組織確實反映了部分人民的心聲，甚至是反映了很多資本家的心聲，因為在全球化進程中，政府也犧牲了很多企業的發展利益。這樣對於政府的不滿是普遍存在的。一部分的資本家把自己對於政府的不滿，表現在支持非政府組織上。比如在美國，以共和黨為代表的大型軍事資本家一般都支持美國對伊拉克的戰爭，但在美國同樣存在不支持戰爭的資本家。比如美國微軟公司的比爾蓋茨就幾乎要將一生全部的積蓄給大眾，我想這也是連馬克思當年都難以想像的。當年這些資本家對於工人絕對是殘酷的壓榨，但沒有想到這些人在幾十年之後，放下屠刀，立地成為慈善家。

非政府組織在全球化時代的快速發展是建立在一些國家貪汙和資訊不透明的基礎上，另外，還有一些國家過度霸權堵塞了民眾發聲的管道，比如美國發動的很多反恐戰爭和投機石油價格等。這些都為非政府組織提供了非常廣闊的發展空間，但如果非政府組織常採用極端手段表達訴求，那會減少其發展空間，是不足取的。

2008 年 12 月 10 日，在百度中輸入關鍵字「山寨春晚」已有 27,900,000 篇網頁顯示，「山寨春晚」借助網路越搞越大了。（圖片來源：中新社、中新網）

臺灣應重視媒體公關[＊]

　　今年 4 月 28 日，劉兆玄宣佈了第二波「內閣」的人事名單，其中教育部門領導人由前政大校長鄭瑞城擔任。鄭瑞城的專業是在新聞傳播的領域，這項人事案當然令人耳目一新。由新聞專業背景的人出任教育部長，可以說反映了媒體對於教育改革的重要性，以及媒體本身改革對於臺灣發展的重要性。臺灣的媒體喜歡以炒作和標籤做新聞，讓大眾很難產生一種活水源泉的思想空間或是判斷真相的事實基礎。臺灣媒體淪落成為特定政黨和政治人物的傳聲筒或是打手，政論和新聞節目中充斥著口水戰，已經很少通過政策面的討論來監督政府政策了。

新聞報導低俗化

　　想想學新聞出身的鄭瑞城不就是在媒體報導吳清基和陳朝楊的人事鬥爭中讓第三者漁翁得利脫穎而出的例子嗎？臺灣的媒體不應該檢視當前臺灣的教育政策需要什麼樣的人才？或是媒體自甘墮落成為有心人互相放話和散佈謠言的場所？臺灣媒體被視為亂源，就是因為許多報導太傷害善良風俗了，這是大眾希望新聞必須改革的原因。政治新聞中充斥各種揣測和攻擊，從馬英九當選「總統」之後，媒體就不斷追著人事名單跑，臺灣即將上任的政府應該要學習如何與記者打交道：包括與媒體溝通的方式、場合、政策的傳達都要好好研究，凡是政府都有責任來引導媒體報導走向政策面，政府與政治人物

＊　本文發表於《大公報》2008 年 5 月 10 日。

不能便宜行事，只為了搶奪個人在媒體上的曝光率，草率接受媒體輕率的訪問。當臺灣的新聞單位領導人人選一公佈出來，發現是名不見經傳的史亞萍時，史亞萍在媒體簇擁前的自我介紹居然被記者在新聞解說詞中解讀為「像小學生般似的自我介紹」，讓人質疑媒體的評價完全缺乏意義而且低俗。臺灣媒體這種不專業的態度影響的是全民素質的低落和粗俗化，或許鄭瑞城該好好教育他的學生輩和孫子輩的記者了。

臺灣新聞報導不專業的例子比比皆是，舉例來說，4 月 12 日，蕭萬長以民間身份與會，蕭萬長的坐位被主辦方安排在第一排的中間，下午還被安排與中共總書記胡錦濤會晤二十分鐘，並且增加與來自多個國家的國家元首和政府首腦，以及多位政界、工商界人士和專家學者進行可能性的會晤機會。儘管座位哲學這裡面充滿著大陸官方策劃的正面宣傳，希望引導媒體往這方面做正面且善意的報導。結果是一方面臺灣媒體將鏡頭著重放在蕭萬長被大陸官方接待的規格和開幕式的座位上，令臺灣觀眾產生了臺灣媒體只會拍官員馬屁和自己對大陸官方善意的作為而自鳴得意的負面感覺。另一方面，反對派媒體就報導蕭萬長用錢來買坐位，當龍永圖面對臺灣媒體回答記者問題時氣得說：「如果臺灣媒體炒作成這樣低水準的話，如何面對國際社會，如何成為有信譽的媒體？」儘管臺灣部分媒體又拿這個畫面和談話來炒作「臺獨」意識，這只能反映臺灣媒體陷入一種不可自拔的惡性循環當中而不可自拔，其結果就是眼光格局的狹隘化以及激情化。

《環球時報》駐臺北特約撰稿人周先報導：據臺灣中天電視臺 21 日報導，抵臺進行學術交流的大陸海協會副會長張銘清 21 日上午在臺南市安平古堡參觀時，被綠營支持者推倒在地，當張銘清準備乘車離開時，有「臺獨」分子甚至跳上張的座車車頂狂踩，試圖阻止張銘清離開。另據臺灣 TVBS 電視臺消息，張銘清後腦勺被打，連眼鏡都被推飛了出去。（資料和圖片來源：香港鳳凰網）

兩岸互信基礎薄弱

　　所以不管是哪一種色彩的臺灣媒體都抱著看熱鬧或是嘲諷的態度做報導，反而忽略了這次博鰲亞洲論壇對臺灣的意義，以及蕭萬長此行做了哪些事情是有利於兩岸建立互信的工作，這些都是臺灣媒體未來可以監督或檢視的方向。以目前兩岸的關係來看，臺灣媒體目前關注賴幸媛這項人事任命案與江丙坤訪陸延期的連動性。如果兩岸互信的基礎薄弱到連親李登輝的賴幸媛擔任陸委會主委，都足以會影響到海基會董事長江丙坤五月到北京訪問陳雲林的行程，我們媒體不就

應該檢視這種論點的真實性有多少，不僅是不滿馬英九這項人事案的一種政治鬥爭。

　　大陸的某些投資者對於臺灣政治過於樂觀。前一陣子大陸的房地產商以為國民黨的勝選代表著兩岸春暖花開，等同歡迎陸資來臺投資，結果這些人大咧咧地接受臺灣媒體對他們一路行程的採訪，沒想到臺灣媒體以大陸「炒樓團」和「富商團」稱呼他們，急得他們拚命解釋自己要投資觀光事業和飯店，不炒作一般居民住宅。

　　臺灣知名作家李敖打趣地勸這些投資考察團成員說：「來臺灣投資是沒有前途的，因為臺灣的政治環境太亂了！」記者問李敖這些地產商對他的建議反應如何，李敖回答說：「他們大徹大悟！」事實上，這些大陸商賈太輕忽臺灣媒體炒作的能力了，臺灣媒體不論什麼顏色和立場，基本上都是崇拜富人與輕視專業的。媒體並不感興趣就政策面深入討論這些人來臺灣的機會和意義，如果臺灣的媒體還是以看熱鬧的心態置身於商業利益的運作模式當中，那麼臺灣的新聞事業將永遠沒有為社會福祉貢獻的餘地。

建立政府媒體溝通模式

　　過去臺灣黨政軍媒體事業釋出股份，無庸置疑對國民黨產生很大的打擊，媒體私有化只是臺灣媒體改革的第一步，因為在媒體向財團靠攏之後，使得媒體的公共領域多是以炒作議題來填補公共議題的論述空間，新聞處理好以煽色腥來炒作。

　　臺灣這次「總統」大選使得政黨二度輪替，重新執政的國民黨卻尚未建立與媒體溝通的模式，這隱含的危機就是即使馬英九挾百分之五十八的民意支持度執政，在臺灣媒體不擅於政策討論以及政府與媒體溝通不良的情況之下，媒體仍是朝著依賴有心人士放話以及爆料的方式解釋政府行為，那臺灣的政壇仍是永無寧靜之日，臺灣的執政者也甭想在媒體口水之下有所作為或建立政府的威信了。

臺灣邁向行政專業化[*]

　　3 月 22 日晚間臺灣正副領導人選舉的最後結果出爐，中國國民黨的候選人馬英九、蕭萬長，以 765 萬 8724 票當選新任正副領導人，得票率 58.45%，無論得票數或得票率都是四屆民選領導人選舉中最高的一次。投票率為 76.33%，較 4 年前的 80.28% 少了 3.95 個百分點。中選會將在 28 日審定後公告當選。民進黨在選舉中大敗，這標誌著以民進黨為代表的兩岸強硬路線全面走向失敗。其實，早在 1998 年李登輝提出「兩國論」後，就是臺灣的兩岸政策錯誤的開始。2007 年民進黨「去中國化」運動達到高潮時，也是臺灣民眾忍耐的極限。臺灣本身就是多元文化的大熔爐，而且具有包容性的中華文化更是臺灣民間的黏合劑，這次國民黨在選舉中大勝是民進黨「去中國化」運動崩盤的體現。

「去中國化」全面失敗

　　非常有意思的是，在國民黨獲得大勝後，一向偏綠的三立電視臺是全臺灣第一個製作祝賀馬英九當選廣告的電視臺，這直接反映了民進黨對於政治的淺薄理解。根據資深媒體人陳文茜在中天新聞臺《文茜小妹大》節目中反映，2000 年，當陳水扁執政之後，陳水扁說的第一句話是：原來當領導人是這樣的好，可以分配 5500 個政務官和公營企業的職位。在大選中，很多民進黨人士找到施明德，希望他能夠

---

[*]　本文發表於《大公報》2008 年 3 月 27 日。

為民進黨候選人站臺時，施明德表示，在紅衫軍時，他已經被認為是民進黨的「叛徒」，最後他乾脆避走美國。

這次選舉是對陳水扁在執政的八年間過度「去中國化」政策的全面檢驗。2000 年，當陳水扁當選為民選總統之後，對內為了讓民進黨全面、永久執政，採取逐步竊取公有企業財產的蠶食政策，對於國民黨的黨營事業則採取逐步壓縮政策，在兩岸交往上採取挑釁和拒絕來往的有問題政策。這樣做的最直接效果是，凡是聽從或者盲目跟隨陳水扁的，就會得到好處，但對於選擇陳水扁的五百多萬選民、沒有選擇陳水扁的選民，以及在大陸的臺商、在世界各國生活的臺灣人，則成為陳水扁政策的犧牲者。這次選舉應該是陳水扁政策全面失敗的一次徹底檢驗。

這次國民黨在領導人選舉中大獲全勝，表示未來臺灣將會由意識形態的嚴重對立，迅速轉向行政的專業化。對於這一點，馬英九在獲勝後和臺灣本地及國際記者的見面會中表露無餘。馬英九表示未來國民黨的行政團隊將會跨越黨派，而且將會任人唯德、任人唯賢，臺灣未來將不會成為麻煩製造者。對於未來兩個月臺灣的石油和一些原材料價格面臨上漲的局面，馬英九和夥伴蕭萬長就表示，臺灣未來的行政團隊將會把重點放在擴大財源上，以提升國民所得來抵抗物價的上漲。

公有財產被扁掏空

臺灣在 2000 年政黨輪替後，迅速陷入政黨惡鬥當中。這次在國民黨的競選總部的參訪過程中，得到由黃智賢小姐主編的《掏空臺灣》一書，在書中由一些我們所熟悉的政治人物、學者列舉出臺灣在 2000 年後遇到的公有財產被掏空的案例。如高雄捷運弊案。該弊案的主要問題是在工程的承包過程當中，任用或者發包給親綠的公司；臺灣高速鐵路在建設過程中，行政單位每一年為工程付出巨額資金，但行政

單位卻在該工程裡沒有任何的股份。臺灣新聞部門為了宣揚行政單位的政績，編列大量的預算給親綠的媒體進行宣傳，這些預算在實施的過程當中沒有被任何監督。臺灣行政部門為了迴避立法單位的監督，成立專門的行政單位的開發基金，這些基金成為臺灣行政部門的秘密金庫。還有一些如股市禿鷹案，軍購案等。這些違法或者不合常規的行為，都為陳水扁周邊的綠色權貴提供了豐富的金錢支援，但多數臺灣民眾沒有得到任何好處，相反，當電視臺每天都找出若干的社會事件，來填滿整體的問題鏡頭時，臺灣民眾常常感到社會的不穩定性，但事實並非如此，就像香港每天的社會事件不過幾起，基本上都在報紙、電視臺展現出來，但由於香港過度都市化，民眾對此比較麻木，所以還沒有集體反感出現，但臺灣本身剛在七十年代剛由農業社會過渡而來，民風淳樸，媒體的騷擾，使得單一的社會事件變成全民觀感。

　　筆者一直希望對民進黨這八年的執政作出總結，希望為陳水扁在八年執政過程中的不理性政策找到原因。畢竟香港在 1998 年金融危機後，逐漸走出陰霾，迎來內地政治、經濟、文化的全面崛起，並在自由行之後，全面迎接經濟的復甦，而且在中央政府的大力協助之下，香港的國際空間更加廣闊。總體而言，民進黨在 2000 年選舉之後，儘管民進黨面臨朝小野大的窘境，但陳水扁為了實現永續執政，如何處理國民黨的黨產和擴大親綠企業的盈利成為民進黨在八年執政的主要和唯一任務。這樣在一切以政黨利益為優先的執政策略之下，任人唯親成為陳水扁政策的主要出發點。但陳水扁為了掩蓋自私的目的，對內則把所有問題歸結為政黨惡鬥，對外則反應為，強硬對抗來自大陸任何好意，甚至不惜在兩岸問題上製造衝突。

國民黨仍須努力

　　來自新加坡的首份賀電的內容就表示，國民黨儘管在馬英九的領軍下獲得大選的勝利，但國民黨內部運作的機制並沒有太大的改變。此時作為電視名嘴的胡忠信先生在中天新聞臺的電視節目中表示，自己在選舉之後開始由監督民進黨的媒體人轉變為監督國民黨的媒體人。

　　民視新聞臺的主持人同時也是東吳大學教授的羅致政在節目中表示，此時民進黨應該冷靜，想一想到底哪裡出了問題，還是問題早已經出現，只是民進黨從來沒有重視。

　　在這次選舉過後，對內如何兌現競選承諾、提高全民所得、抵抗物價上漲，對外如何實現國共兩黨所達成的協議，這是對國民黨最大的考驗。媒體對於國民黨的監督職能，將會在未來的時間內有最佳的體現。如何處理危機問題，將會是對馬英九最大的考驗。

臺灣街頭口號非常多，據臺視財經臺的新聞報導，此一情況在五十年代，就已經非常普遍。

一中原則是最大公約數[*]

「九二共識」中一個中國是兩岸談判中的原則，而各自表述則是存在的現象。如果沒有一中原則，臺灣如果只強調各自表述的部分，那麼兩岸就會陷入這八年來民進黨一根筋思維的困境。

根據新華網報導，國家主席胡錦濤 3 月 26 日晚應約同美國總統布希通電話。關於臺灣問題，胡錦濤表示，在「九二共識」的基礎上恢復兩岸協商談判是我們的一貫立場。我們期待兩岸共同努力、創造條件，在一個中國原則的基礎上，協商正式結束兩岸敵對狀態，達成和平協議，構建兩岸關係和平發展框架，開創兩岸關係和平發展新局面。

準確的講，「九二共識」中一個中國是兩岸談判中的原則，而各自表述則是存在的現象。對此，在馬英九當選為臺灣領導人之後，對於兩岸問題必須在就職後的 7 個月的蜜月期內，提出一個符合一中原則的切實可行的政策。當然這一政策最好是在兩岸的談判或者事務性接觸中具體體現出來。也只有如此，兩岸的中國人才能夠共用中華經濟圈全面崛起的榮耀。

一中原則是互信基礎

3 月 28 日臺灣《聯合報》在頭版就列出「九二共識」在表述中，新華社所提供的中文版本和英文版本區別的地方。其實新華社的中文版本基本上表達出大陸對於臺灣未來發展的基本要求，那就是：兩岸共同努力、創造條件，在一個中國原則基礎上，協商正式結束兩岸敵

---

[*] 本文發表於《大公報》2008 年 4 月 3 日。

對狀態，達成和平協議，構建兩岸關係和平發展框架，開創兩岸關係和平發展新局面。在這裡的一中原則是大陸本著為歷史負責和中華民族全面復興的基礎之上發出的最真誠呼籲、提出的切實可行的政策，而英文版本只具有對外說明的功能，畢竟在兩岸談判中一直是沒有第三者在場的。

在這裡，筆者想舉一個生活中的例子，就可以闡述一中原則的優勢。最近幾年，筆者回國之後，經常會參加一些國際學術會議，當然在國際學術會議中經常會遇到很多臺灣同仁，但在聚會中，幾乎所有的外國學者（直到現今筆者還沒有遇到例外的）不論是瞭不瞭解兩岸問題，都會問大陸和臺灣學者有關於兩岸的問題。此時筆者這十幾年經常看到的現象就會發生了，只見大陸和臺灣學者就會不厭其煩地向外國學者解釋所謂的現狀等等，有時大陸和臺灣學者還會互相抬槓，只見這些老外看的是「不亦樂乎」，看來老外其實不關心什麼兩岸問題，他們只對於兩岸的爭吵感興趣。

如果沒有一中原則，臺灣如果只強調各自表述的部分，那麼兩岸就會陷入這八年來民進黨一根筋思維的困境。兩岸的零和遊戲，其實最高興的就是西方國家。

新華網對於胡錦濤總書記的滾動報導。

人民網對此報導較為不明顯。

中新網 12 月 31 日電　在今天舉行的紀念《告臺灣同胞書》發表 30 周年座談會上，中共中央總書記胡錦濤指出，對於臺灣參與國際組織活動問題，在不造成「兩個中國」、「一中一臺」的前提下，可以通過兩岸的務實協商，做出合情合理的安排。胡錦濤表示，我們瞭解臺灣同胞對參與國際活動問題的感受，重視解決與之相關的問題，兩岸在涉外事務中避免不必要的內耗，有利於增進中華民族整體利益。對於臺灣同外國開展民間性經濟文化往來的前景，可以視需要進一步協商。對於臺灣參與國際組織活動問題，在不造成「兩個中國」、「一中一臺」的前提下，可以通過兩岸的務實協商，做出合情合理的安排。

作為政黨要有前瞻性

　　臺灣《聯合報》3 月 29 日發表社論，《一中各表：國民黨、共產黨與民進黨的交集地帶？》，社論提出：「維持現狀」與「一中各表」是一體兩面；欲「維持現狀」，不能沒有「一中各表」的支柱。「維持現狀」一詞公開運作已久，「一中各表」則始終是應然及實然存在的「潛臺詞」。其實，這篇社論最大的問題就在於沒有指出，回到一中原則是兩岸停止爭吵的基礎。維持現狀是臺灣民眾的希望，但作為行政單位不能夠只做民眾所希望的，在照顧民生的基礎上，前瞻性是行政單位和政黨存在的基礎。如果美國政府只做民眾希望的，那美國軍隊、政府乾脆直接只保護美國就好了，那軍隊只要一點就好了。

　　對此，《聯合報》在 A19 民意論壇版同時發表臺灣大學副校長、政治系教授包宗和的文章，名為《一中解套，外交休兵開新局》。該文章在最後，非常明確指出：「臺灣對外關係的困境根源即在兩岸關係，經過民進黨八年執政，如今再說一個中國或許有時空錯置的感覺，然而一中迄今仍是國際社會現實主義下的『共識』，則是不容規避的殘酷事實。臺灣的對外處境，關鍵不在拒絕一中，而在北京的態度。日前中國大陸國家主席胡錦濤在與布希總統電話會談中表示兩岸可在『九二共識』基礎上恢復協商與談判，則為兩岸結束僵局創造了契機。北京若能先從尊重臺北自行表述一中內容做起，再輔以其『大陸和臺灣都是中國的一部分』之彈性立場，則兩岸某種形式對等態勢或可逐漸形成。」

　　包宗和教授同樣指出，一中原則具有重要性，但如何技術性讓臺灣民眾接受一中原則，是馬英九先生所必須要做的工作。試想馬英九現在是歷屆臺灣民選領導人中得票最高的，國民黨且在民意單位佔有三分之二以上的席位，如果在未來一年的時間，馬先生都沒有回歸一中原則，那麼兩岸何時才能夠建立互信基礎。

對一中原則仍有誤解

臺灣中山大學海洋政策研究中心主任胡念祖教授就在《中國時報》言論版發表名為《國際社會，臺灣來了》的文章，文章指出臺灣是否可以以更多元的實體身份，譬如健康實體、環境實體、文化實體等，尋求國際公約中所賦予的正式組織地位，應是過去十多年來「漁捕實體」成功前例所可指引的一條道路，那就是「以法律途徑解決政治困難」，促使國際社會成員在制定新公約或修正舊公約之際，以具創意的作法，擴充「會員」的定義，以容納臺灣的正式加入。

據此，我們可以看出胡念祖教授對於一中原則的粗淺認知，如果沒有一中原則，臺灣如何加入以主權國家為會員的國際組織，兩岸的任何技術性進步，基本都需要互信，否則很難取得成功。

當陳水扁還在與美國在臺協會理事主席薄瑞光探討是否有「九二共識」的文字版本時，民進黨內部已經開始著眼未來發展的空間，監督國民黨將會成為社會共識，臺灣媒體人也正在凝聚這項共識。一中原則是考驗馬英九智慧的高難度挑戰，否則再在原則問題上畏首畏尾，未來會對國民黨造成重大傷害。

臺進入「冷選舉」時代[*]

2004 年 12 月 11 日的臺灣立委選舉結束。總的來說，內地輿論認為，這次選舉反映了「臺獨」的失敗；而臺灣方面有的輿論認為，泛綠未過半是陳水扁在選舉中採取了「躁進」的策略，導致臺灣人民清楚看到了美國政府並不支持陳水扁企圖改變臺灣現狀的做法。例如，臺灣《聯合報》選後民意調查發現，陳水扁選戰期間提出的「正名、制憲」訴求，僅獲得二成九選民的認同，而五成反對。這證明陳水扁的民粹牌已經受挫，這樣在未來的四年間臺灣的選舉政治裡「冷選舉」成為可能。

立委選舉上熱下冷

回溯到這次立委選舉前的一個月，當時臺灣的立委競選總體被認為是「上熱下冷」的局面，上面的政治人物無論是立委候選人還是各黨的主席，基本上都是卯足了勁頭為自己黨派的候選人助選，但是臺灣的民眾並不是非常地買帳，這主要是因為各黨候選人的競選訴求對於選民沒有太大的吸引力。但另外一方面來講，候選人的訴求越來越與政策無關，比如有的候選人強調自己人格魅力，有的則強調自己的草根性等等。因為缺乏政績的候選人知道，政策的嚴肅性似乎無法燃起選民的熱情，更何況自身也沒有什麼政績可拿出來炫耀。

---

[*] 本文發表於《大公報》2005 年 1 月 11 日。

馬英九在 2004 年立委選舉拜票時的照片
（圖片來源：http://news.southcn.com）

2008 年國民黨候選人馬英九則在臺北縣掃街，傍晚到
高市夢時代廣場參加造勢大會，再趕赴中市洲際棒球
場，與夫人周美青一同拜票。

　　這次立委選舉基本上與 2004 年上半年的總統大選形成了鮮明的
對比。如果選舉一旦進入兩軍對立的你死我活的境界時，儘管泛藍在
民調中一直佔有優勢，但在發生「3.19」槍擊事件之後，臺灣以閩南
人為主體的閩南沙文主義就會馬上發酵。這是一個非常怪異的現象，
它並未隨著地域或者兩岸而變得有差異。比如，在總統大選之前，當

時筆者就在廈門市中的閩南人中做過口頭調查，結果發現有相當部分的閩南人對於陳水扁頗具好感，並且有一些人表示如果自己有投票權的話，他們也會投陳水扁一票，而其理由相當簡單，就是陳水扁是閩南人，他可以聽懂陳水扁的講話，閩南人中出了總統是件不簡單的事。臺灣的臺南人同樣經常這麼說。據此我們可以看出，大陸政府應該要多瞭解對岸的閩南族群，而且對自己的閩南族群也需要增加瞭解，這包括閩南人的性格、習慣與風土人情等等。

　　2003 年的臺北市長選舉，當時臺北市長馬英九就以「冷選舉」而獲勝。所謂「冷選舉」指的是馬英九沒有插宣傳旗幟，沒有宣傳車遊街拉票，沒有煽動群眾的憎恨情緒。馬英九的電視宣傳片是以他施政的紀錄片來展現他個人的魅力，沒有推出攻擊對手的競選廣告。馬英九還大方接受民進黨候選人李應元的電視辯論挑戰，兩方針對臺北機場遷移、臺北縣市水資源分享、興建巨蛋棒球場、垃圾袋收費等等市政議題進行公開辯論。馬英九與李應元並沒有太多人身攻擊的正面交鋒。即使民進黨候選人所列舉的任何有關馬英九在之前四年市政上的所謂缺失，馬英九一律都讓市政府發言人來低調回應。馬英九不出面的理由則在於真正的選舉時間還未來到。而在真正競選階段的時間內，馬英九則採取向市民全面介紹自己的施政理念，同時他對於國民黨前主席李登輝也採取禮讓與忍讓的態度，這使得民進黨在族群議題上無法發揮。那麼，整個臺灣選民中的閩南族群就會進入一種平和的狀態。在這種狀態之下，臺灣選民就會重新拾起對於選舉的信心。只有讓選舉成為全面檢討自己生活品質的行動，臺灣的選舉才會向代表穩定方向的泛藍方面傾斜，否則在激烈的選舉當中，以閩南為主體的選民最後還是會將手中的選票投向草根起家的民進黨。所以，2003 年的臺北市長選舉被泛藍視為選舉策略成功的典範。

臺灣群眾高舉「反對公投入聯，拒領公投票」等標語，主張拒領「公投」票，要求中國國民黨與民主進步黨拋棄「公投入聯」、「公投返聯」議題。(圖片來源：中新社網站)

中間選民厭倦口水戰

　　臺灣問題的核心應在於，陳水扁在選舉中還是以國家認同的老方法來面對已經對選舉感到厭倦的中間選民。現在臺灣的中間選民無論是支持泛藍還是泛綠，基本上都希望臺灣的選舉是建立在一種冷靜、平和的基礎之上，如果臺灣政府還堅持以激烈的選舉訴求來贏得或者分化選民的話，這將促使臺灣島內政局走向動盪的趨勢。而大陸官方曾經表過態，一旦臺灣出現動盪，將不排除親自以非和平手段來解決臺灣動盪。兩岸戰爭一觸即發的可能性對希望和平發展經濟的中間選民而言，將是非常害怕出現的結局。在臺灣的選民當中，尤其是臺中以北的選民，基本上認為臺灣現在所堅持的選舉，並沒有為臺灣人民帶來任何的榮譽，反倒是陳水扁的子彈事件已經成為眾人的笑談。

　　所謂中間選民的定義呈現幾種。不過，若是以泛綠和泛藍各自固定的三成死忠支持者作為基本票源來算的話，約有四成的民眾是游離在兩者之間的中間選民，他們多是以候選人的人格特質或是具體政見

作為投票選擇的考慮。而選舉過程中出現的特殊事件，都是影響中間選民最後投票走向的因素。例如二千年臺灣總統大選時，宋楚瑜的興票案使得中間選民懷疑他的清廉形象，再加上民進黨主打國民黨黑金的腐敗形象策略奏效，導致一部分游離的中間選民導向陳水扁。2004年總統大選投票日的前一天，發生了民進黨正副總統候選人陳水扁和呂秀蓮遭槍擊的意外事件，這不僅為陳水扁固定了死忠的票源，還增加了中間選民的同情票。

「一國兩制」須有臺立委宣導

　　「一國兩制」這樣能夠平穩臺海兩岸的政策，在臺灣卻不能夠找出有代表性的人物來宣導。臺灣新科立委、白話文學大師李敖，最近就曾在自己主持的節目中講過：我贊成「一國兩制」，「一國兩制」對於臺灣是有利的。李敖認為自己是有良知的知識份子，所以才會在臺灣大聲疾呼。此間，大陸即將公布《反分裂國家法》，這同樣是需要

臺灣有關各方的支持，特別是立法院，儘管這有相當的困難度。但是設想若沒有臺灣立法委員參加的《反分裂國家法》，法源的資格性將會受到島內民眾的質疑。例如早在兩百多年前，當時美國發動獨立戰爭的理由之一，就是英國這個宗主國制定美國貨物徵稅法沒有讓美國的議員參加，獨立就成為美國人號召擺脫經濟困境的唯一出路。對於中美臺關係而言，如果沒有臺灣人民的支持，中國會因為美國戰略利益的轉移，而陷入某種情況的被動。臺灣前立委、電視媒體人

陳文茜，曾在香港電視訪談中說到，如果中國大陸方面對此沒有與美國事前進行良好的溝通，那麼中國將在執行法案的過程中陷入被動的窘境。

關於陳水扁的頭版報導。

連戰為臺爭取經濟地位[*]

　　連戰用自己的行動來告訴臺灣民眾，臺灣除了選擇與大陸進行對抗之外，還可以有另外的選擇，那就是從實際出發，與大陸進行全面而實際的經貿接觸，這種接觸的最終目的有可能達到近似香港現在所爭取到的 CEPA 的地位。應該說這是臺灣目前在還沒有加入任何區域經貿自由一體化的時候，在東亞地區可以取得的最好地位。

　　4 月 25 日新加坡《聯合早報》刊登出題為《一改抨擊立場，連戰「登陸」阿扁「祝福」？》的新聞，該文提出：臺灣領導人陳水扁一改近日來對國民黨主席連戰「登陸」的抨擊態度，表示如果連戰和親民黨主席宋楚瑜一切依法行事，或許可以帶回第一手資訊，為兩岸發展投石問路，對兩人因此可以給予「祝福」。分析家認為，陳水扁的態度發生 360 度轉彎與美國的壓力有關。同時，大陸《人民日報》網站宣稱，4 月 26 日該網站將會在連戰到大陸訪問的當天進行網路的全程追蹤訪問，為此，人民網開闢了專門的網頁與網友互動的專區。另外，人民網還刊登了一則非常有意思的新聞，就是為了連戰訪問大陸一事，臺灣的老政客李登輝失眠了。

2008 年 4 月 29 日，連戰先生在上海和北京。（圖片來源：香港星島網）

[*]　本文發表於《大公報》2005 年 4 月 28 日。

連戰曾被臺媒體排擠

在一般臺灣民眾的眼裡，連戰似乎不是一個很討人喜歡的政治人物。確實，連戰在接受臺灣記者採訪的時候，首先並不喜歡透露太多的新聞給記者，這使得臺灣記者很難向媒體老闆交差。另外，連戰喜歡記者在採訪時能夠非常的守分寸，保持兩者之間應有的禮貌，但在臺灣現在媒體惡質化競爭的時代，記者經常是以衝撞為代價而獲得採訪的機會，最後記者以獲得獨家採訪的機會為榮。連戰的這些性格在他還是執政者的身份時出訪東歐一個國家時就可以看到，當時該

在一般臺灣民眾的眼裡，連戰似乎不是一個很討人喜歡的政治人物。（圖片來源：http://cimg.163.com/）

國的海關人員要進行身體上的檢查，而當時連戰非常機敏的躲開，並要求該國應當以國際禮儀來對待，最後在雙方外交官的磋商下，該國決定給連戰以相當的國際禮儀。同樣，這次在連站訪問大陸時，相關媒體報導，連戰的隨身護衛在隨團進入大陸的時候享有持槍的待遇，看來大陸政府對於連戰的這一點個性是有相當的瞭解的。

據臺灣資深媒體人陳文茜在臺灣中視的《文茜小妹大》節目當中表示：臺灣的民進黨執政之後，陳水扁一直在進行另外一種意識形態的宣傳，那就是臺灣只有跟隨陳水扁，跟隨陳水扁的「臺獨」路線，才能取得成功。而此時的在野黨也陷入另外的迷思，那就是如果反對陳水扁的宣傳，就會被扣上紅帽子或者被抹黑。在過去 5 年間與大陸交往成為選舉票房的毒藥，儘管臺灣的經濟一再衰退，反對大陸卻成為政治主流。人們恰恰忘卻了臺灣同意統一的和同意獨立的人的兩極化比例是大致相當的，但現在臺灣民眾卻只能聽到更多的獨立傾向的

聲音，這是社會不協調的表現。現在，國民黨主席連戰在經過深刻的思考之後，決定站出來為臺灣的經濟發展尋找另外一條途徑，他這次做出決定的背景與以前大不相同。

扁府控制媒體銀根

　　此時一向關心臺灣問題的讀者會有一種霧裡看花的感覺，怎麼一向視搞「臺獨」路線為民進黨發展唯一出路的陳水扁，開始一改往日蠻橫的作風，轉而向在野黨的行動表示「祝福」呢？難道是臺灣的民意開始發生變化了，還是陳水扁改變了自己？據筆者看來，兩者都沒有太大的改變，改變的只是國民黨與親民黨領導人的政治行為。國民黨主席連戰只是用自己的行動來告訴臺灣民眾，臺灣除了選擇與大陸進行對抗之外，還可以有另外的選擇，那就是從實際出發，與大陸進行全面而實際的經貿接觸，這種接觸的最終目的有可能達到近似香港現在所爭取到的 CEPA 的地位。應該說這是臺灣目前在還沒有加入任何區域經貿自由一體化的時候，在東亞地區可以取得的最好地位。但臺灣要改變經貿地位的關鍵，現在看來並不在於阿扁的作為，因為人們所關注的焦點已經全部集中到連戰與宋楚瑜的大陸之行上來。

　　時任臺灣行政院院長的連戰就與當時的財政部部長王建煊進行臺灣進入世界貿易組織的運作，對於這樣的運作臺灣民眾並不十分知情，但臺灣進入世界貿易組織對於臺灣部分產業的衝擊卻被民進黨無限放大。例如當時最著名的就是臺灣米酒漲價事件。米酒是臺灣民眾的烹調必需品，在臺灣進入冬季時，民眾有用米酒進行燉補的愛好，但在臺灣進入世界貿易組織之後，臺灣的米酒就會由原來的二十臺幣變為近一百二十臺幣，米酒連續漲那麼多倍，這成為臺灣民眾難以承受的心理價格。最後民進黨就以「連米酒都處理不好的政黨就應當下臺」為政治宣傳，該競選廣告成功地打擊了國民黨的競選士氣。

2000 年民進黨上臺之後，還反過來挖苦國民黨，嘲諷說都是米酒惹的禍。應該說，連戰帶領臺灣「入世」的運作基本上還是具有相當戰略格局的。對於這一點，筆者曾在 1998 年到臺灣參訪時有了深刻的體驗，當時在連戰的報告當中更多的表現了他對於臺灣經濟發展的設想，當時在臺灣新聞當中卻沒有發現相關的報導，而報導更加多的集中在記者本人所謂獨家採訪到連戰對於某件事情的片言隻語。對此我深感可惜。現在臺灣新聞對政治報導更加偏激，並且更加依賴現政府，政府基本控制了整個媒體後面財團的銀根，臺灣媒體的獨立性受到了非常大的妨礙，這在國民黨執政期間也是非常少見的。

未來臺民意是觀察重點

臺灣的李敖同時也認為，連戰的這次登陸訪問將會為臺灣人民提供另外一種選擇。陳水扁已經沒有選擇，因為臺灣經過近 5 年的發展後發現「臺獨」並沒有為臺灣帶來榮譽與和平，反倒使美國對於臺灣的干預越來越深，臺灣領導人在政治上更加難以保持自己相對的獨立性，而臺灣的獨立活動的領導也只會每次聚集在大飯店當中開會研究未來的發展方向。現在臺灣需要另外一條道路、另外一個思路，而指明道路的人就是連戰。

臺灣現在同時出現了一個非常弔詭的現象，那就是同意連戰出訪的民眾占六成，而反對的民眾占四成。也就是說，臺灣本土勢力還是反對連戰出訪大陸的。但非常明顯，連戰這次訪問會為全體臺灣民眾帶來利益，有什麼理由會讓臺灣本土勢力反對呢？可以看出，臺灣現在的民眾的政治取向還是以政黨為標誌，獨立與否並不是民眾關心的焦點，應該說在接下來的半年裡，將會是臺灣整體民意取向的關鍵時間，如果臺灣泛藍在經過登陸大陸風潮之後，能夠進行非常有效的整

合，那麼臺灣將會改變自去年「總統大選」之後所形成的五五波對決的態勢，將會掌握未來臺灣整體的經濟走勢。

臺媒體為何不重視連戰[*]

　　2005 年 4 月 25 日國民黨主席連戰在對大陸訪問之後，連戰的政治生涯再次進入高潮，但連戰是否競爭黨主席成為媒體關注的焦點。為此，臺灣《新新聞》雜誌在 952 期中註銷「放手吧，拜託」的專刊，在雜誌中黃創夏發表了〈連戰，不要戀棧！〉的重量級文章。筆者認為這主要是連戰對於媒體的運作方式不適應才造成的新聞效果，現在連戰的大陸之行已經為未來國民黨的發展定調，就是兩岸的政黨是競爭與合作關係，不是敵對關係。

2005 年連戰首次訪問大陸。

[*]　本文發表於《大公報》2005 年 6 月 22 日。

臺灣執政者有定調傳統

　　筆者認為這次連戰主席的大陸之行是為臺灣未來的發展定調，而連戰為臺灣所定的調就是兩岸和平發展與互助雙贏，兩岸的政黨是競爭與合作關係，不是敵對關係。自臺灣領導人蔣經國以來，臺灣的三任領導人都有為後來接班領導人定調的習慣，在蔣經國執政的後期，儘管蔣經國本人開放政黨註冊、解除報禁，但蔣經國同時還開放兩岸的交流，這使得兩岸發展進入完全不同的境界。

　　臺海網 12 月 15 日訊由國共兩黨共同舉辦的第四屆兩岸經濟文化論壇，十二月二十、二十一日將於上海登場，這是國民黨在臺灣重新執政後首度召開，各界擠破頭爭相參與，發起國共論壇的國民黨榮譽主席連戰與黨主席吳伯雄，出發前為了誰具代表性，檯面下較勁，黨中央甚至爆出「大陸已經看厭連戰，要求吳伯雄出席」的說法，引爆連吳心結猜測。

　　據臺媒報導，夾在兩人之間的黨內人士，立場尷尬，有中常委自嘲說：「為避免破壞關係，我還是不要去參加論壇，兩邊都不得罪。」

黨中央則放出大陸一定要吳伯雄去參加論壇才延期的訊息，據透露，這也讓連戰辦公室相當不服氣，親連人士酸溜溜說：「人家（吳伯雄）是執政黨主席嘛！」

　　原本國共論壇計畫於本月十三、十四日在上海舉行，月初突傳延期，負責規劃

的國民黨副秘書長張榮恭對連吳心結之說直呼：「不要見縫插針！」他說，是連戰主動和幕僚提到希望吳伯雄參加論壇，吳一再謙讓但連盛情邀請，才決定共同出席。

　　試想如果是李登輝的話，他是否有這樣的魄力呢？那非常有可能臺灣與大陸的發展一定是走走停停，按照李登輝的個性，一定是自己單贏，而不是雙贏。在李登輝執政的後期他提出「兩國論」，為後來的接任者陳水扁的執政定調。對於這一點，臺灣星雲法師在接受鳳凰衛視的採訪中也提到：陳水扁也曾經試圖改變民進黨只有「臺獨」人士支持的窘境，但在旁邊人的影響之下，使得陳水扁動彈不得。看來李登輝的「兩國論」在臺灣儘管已經沒有太多民眾的支持，但李登輝卻利用自己在「臺獨」人士的影響力而發揮關鍵少數的作用，使得「兩國論」還在苟延殘喘。現在國民黨面臨黨主席換屆選舉，但兩位黨主席候選人嚴格上講他們並不是國民黨精神的繼承者，甚至有的候選人還提出國民黨改名、「制憲」在某些時候是可以作為選項的。另外馬英九作為最熱門的候選人，在媒體的大量報導之下看來好像是馬英九有拯救國民黨的能力，但以筆者長期的觀察，馬英九即使是當選黨主席甚至是在最後時間當選臺灣總統，他也會更多的受到美國因素的限制。

　　作為領導人其最終的特性基本上有兩點，第一，就是領導在上臺之後就要為國家或者政黨挑選未來的接班人，其實這並不是亞洲國家和地區的特例，在美國，據資料顯示，老布希早就在為培養小布希而費盡心力；克林頓在職期間也在為培養自己的太太希拉蕊創造條件；俄羅斯前領導人葉利欽也在培養接班人上費盡周折、三易人選。第二，就是領導人對民眾所展現的群眾魅力，對於這一點臺灣前領導人蔣經國做得最為出色，直到現在臺灣很多民眾都很懷念蔣經國到下面視察時的風采。

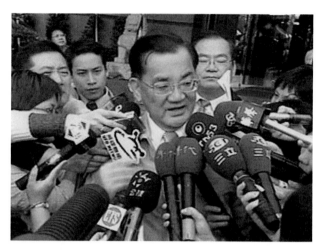

連戰訪問大陸前接受記者訪問

領導者挑選接班人

　　連戰主席在這次 8 天 7 夜的參訪過程當中的表現是可圈可點的，但其中最有意思的現象就是連戰的踏實個性卻意外地與大陸媒體有了良性互動。首先，中央電視臺在現場直播連戰整個參訪與講話時沒有任何廣告，這使得大陸觀眾能夠較為平靜和全面地瞭解連戰。相反，連戰在臺灣的講話從 2000 年國民黨下野後就沒有過全面播出了。同樣，如果陳水扁也有同樣情況的話，那他在媒體時間段也會變得非常少，這使得陳水扁現在更加擅長情緒性語言的應用。其次，央視以完全的待客之道來禮遇連戰，央視的主持人完全不介紹連戰在以往的講話中不好的習慣，相反，臺灣的記者更加關心連戰在講話中的小問題，譬如，連戰這次是否有眨眼的習慣，連戰是否還有看稿的習慣等等。這使得臺灣媒體看起來更加充滿刻薄、不厚道的感覺，這充分暴露了臺灣社會現在兩極對立、充滿矛盾的現實。

連戰在北大演講（圖片來源：http://www.scol.com.cn）。

大陸媒體報導連戰大陸行的圖示。

臺灣竟有 5 個全日新聞臺

　　連戰本人在臺灣不受媒體的重視是非常明顯的事實，這基本上屬於臺灣媒體自身發展當中自身問題的部分體現而已。臺灣電視媒體在解禁後十幾年的發展過程當中，在有線電視臺加入媒體大戰之後，電視媒體進入惡性發展，其中尤以 24 小時新聞臺的出現為甚。這樣一個小島，如何能夠支持 5 個 24 小時的新聞臺的運行？臺灣是否有這樣多的新聞可以報導呢？答案當然是否定的，譬如香港這樣的都市都無法支持一個 24 小時的新聞臺，在整個歐洲除英國 BBC 外，也只有「歐洲新聞」一個 24 小時新聞臺。在俄羅斯這樣大的國家，尤其在前蘇聯解體之後，俄羅斯更加需要一個新聞臺來宣揚現在俄羅斯整體國家的價值，但俄羅斯直到現在並沒有一個 24 小時的新聞臺，中國大陸也只有中央電視臺所擁有的一個 24 小時新聞臺。這麼多新聞臺的出現應當是李登輝的政治佈局。因為李登輝知道在他下臺之後，他所宣導的很多政策都將會是非體制性的，需要更多非傳統性的電視臺傳達自己的聲音。

《聯合報》和《經濟日報》對於經濟的關注。

　　法國已故社會學大師布赫迪固（Pierre　Bourdieu）對於記者有一個非常有意思的解釋。記者之所以重要，因為他們事實上擁有大篇幅製造和傳播諮詢工具的獨佔權，而記者透過這些工具控制了一般公民和其它文化生產者，如學者、藝術家、作家等可達到公共空間，即達到擴大傳播的通道。記者在文化生產領域佔據的是一個低階層的、被宰割的位置，記者卻掌控了公開表達、具有公共存在、被人認出、出名的工具（對於政治人物和某些知識份子而言，乃是一個重大的爭奪焦點）。但在結構上而言，記者與某些知識份子仍屬於結果上的弱者，因為這些人依然需要依靠媒體來傳達自己的聲音。對於這一點，電視媒體尤為突出，記者與在電視媒體上經常出現的知識份子對於電視媒體的依賴尤其嚴重。在這一點也許可以解釋為何在中國多數的具有博士學位以上的知識份子更加願意進入通訊社與報社，而不選擇電視臺。

連戰與大陸媒體合拍

　　臺灣的電視媒體發展在進入惡性競爭的環境之後，連戰所具有的始終如一的個性對於臺灣的有線電視而言並不具有任何商業價值，那麼我們在看到連戰演講的具體內容也許還不如在他演講中出現的枯燥、令人昏昏欲睡的場面似乎更有價值。筆者在 1998 年 7 月就曾親自聆聽過連戰先生的演講，當時就感到連戰先生對於經濟問題非常精通，但在整個演講的某些時候的確出現了非常枯燥的場面，記者如果只抓住小問題，那麼，對於連戰先生的認識和報導就會流於偏激與不準確。在這次記者招待會上，連戰先生對於臺灣記者的回答基本上是以一種教訓的口吻來進行。並且，大陸中央電視臺的記者在與臺灣記者或者學者的對話中，臺灣記者或者學者對於連戰先生進行所謂的平衡性的報導與分析時，大陸記者基本上採取打斷或者不聽的態度，例如：央視的「東方時空」的節目中，臺灣東森的記者希望在該節目中大談連戰在臺灣中正機場出行時受到抗議一事，但大陸記者認為連戰

是大陸請來的貴賓，抗議一事是臺灣自己的事情，因此該名記者的講話被當場打斷。

　　連戰先生此行為臺灣的發展定調，是連戰成為臺灣歷史上著名領導人必然要走的一步，因為前政客李登輝定出的「兩國論」現在看來已經基本破產，如果臺灣現領導人陳水扁再堅持不承認「九二共識」，那只有死路一條。大陸媒體意外地與連戰的氣質合拍，使得連戰為臺灣發展定調變得非常成功，兩岸的政黨是競爭與合作關係，不是敵對關係，這也是平衡美國因素必要的條件。

十二月二十四日晚（平安夜），逾十萬市民及遊客齊聚香港尖沙咀鬧市，參加聖誕倒數街頭派對，聖誕老人、聖誕女郎及雪人在場助興，節日氣氛濃厚。（圖片來源：中新社、中新網）

臺論政節目亂象持續[*]

　　據新加坡《聯合早報》駐臺北特派記者林琬緋 8 月 3 日的報導，在亞洲華人觀眾群中頗具影響力的臺灣「東森電視公司」屬下的「東森新聞 S 臺」，在執照更新決審中沒有過關，被令 48 小時後午夜零時起，正式停播。這是臺灣新聞局為抗衡新聞亂象、整頓電視媒體而狠下的重手。除了東森新聞 S 臺，另有 6 個衛星電視頻道也被撤銷執照，包括：龍祥電影臺、以情色內容為主的彩虹頻道和蓬萊仙山、CASA 頻道、華爾街財經臺及歐棚衛星電視臺。

　　而東森新聞 S 臺是這次唯一遭撤照的新聞臺。另四家在初審時不過關的全天候新聞臺：東森新聞臺、TVBS 新聞臺、年代新聞臺及三立新聞臺，經複審面議和說明後，驚險過關。

　　其實臺灣《聯合報》在 7 月 31 日的報導中就指出，衛星電視臺在六年一次的審議換照中，有一家重要的電視臺和多家電視頻道存在換照危險，臺灣新聞局內部人士表示，五家初審未過關的新聞電視臺在衛星電視換照委員會最近複審面談記錄時，對內部公佈在歷次違規記錄最多的電視臺是東森新聞臺，同時年代與 TVBS－N 的違規記錄也不少。被審議委員會關切財務運營情況的是年代電視臺，及另外一家電影頻道龍祥電影臺，但這兩家都對審議委員會提出電視臺未來的增資計畫，以改善自己現在不好的財務情況。令人不解的是最後東森新聞 S 臺卻被停播了。

---

[*]　本文發表於《大公報》2005 年 8 月 8 日。

現在已經非常普及的 MOD 電視。

操控意識

臺灣的大眾普遍認為媒體中的談話性節目已經成為臺灣政治的亂源。這次對媒體的治理只是第一步而已。臺灣電視臺的談話節目在2000年總統大選之後，進入全面發展的階段。這類談話節目總的話題一般都直指未來四年後所進行的總統選舉，這主要是南臺灣人民在總體的發展實力完全落後於北臺灣時，南臺灣人在陳水扁的帶領之下發現南臺灣人手中的選票其實是臺灣政治版圖中最有力的武器，而北臺灣人發現現今的臺灣總統並不是他們心目中的候選人，這樣在接下來的四年當中，臺灣電視臺中的談話性節目成為名副其實的第二個臺灣立法院的「國事」論壇。隨之而來的是在2002年底，一股來自真正南臺灣的閩南腔的主持人卻開始了自己的「臺灣心聲」主持之旅。南臺灣的觀眾基本上都在收看該主持人的節目，臺灣的傳播學者和業者也都開始研究這一現象。問題是南臺灣的觀眾是喜歡他本人的閩南話呢，還是在節目中可以用閩南話暢所欲言？談話性節目成為政黨與政治人物選舉的工具，而媒體人同樣陷入不可自拔的境地。煽動受眾的情緒成為電視收視率的保證。

　　筆者在臺灣的一月有餘的參訪過程當中，發現若擺脫意識形態的操控，就某些方面來講臺灣並不存在所謂的藍綠問題，隱藏在藍綠問題後面的是臺灣人才的南北問題和年齡層的問題。

分化省籍

　　臺灣在整體的發展過程當中，前領導人蔣經國基本上把人才的培養分為兩個方面，首先列為優先培養的人才是來自中國大陸的人才。這其中老一代以孫運璿為代表，而新一代以馬英九為代表；另一方面在所謂的本省人的人才方面，老一代以李登輝為代表。在當時資料顯示，蔣經國是希望孫運璿成為臺灣未來的領導人，但在孫運璿中風之後，蔣經國培養接班人的計畫被完全打亂，臺灣人才本土化便被提上議事日程。如果按照當時蔣經國當初的設想，臺灣領導人應當是本省與外省人領導人相互交替，形成人才的互補優勢。

　　在李登輝執政期間，李登輝本人為保持自己的政治優勢，採取所謂民主的直接選舉制度，而美國其實也只是採取選舉人制度，基本上美國的民主選舉還是間接選舉。李登輝在選舉過程當中採取本省人與外省人的分化政策，這使得李登輝不論在任何時候都靠人口結構取得簡單的多數選票。如果說這在國民黨一黨獨大的時候還適合的政策，這在陳水扁執政期間就變成謀略的一部分，最後在 2004 年的選舉當中變成任何地方都十分罕見的選舉割喉戰。

錯失監督機會

　　1998 年，素有國民黨黨校之稱的革實院就曾經編列 500 萬臺幣的預算，來培養 300 名叩應節目的「名嘴」。而此時臺灣有線電視臺總經理同時還是「2100 全民開講」的主持人李濤成為國民黨心目中的首選教官，但在李濤的一句「我為什麼要替國民黨開課」，而使得革實

臺灣名嘴趙少康與宋楚瑜在節目《新聞一把抓》。
（圖片來源：http://news.sohu.com）這一類節目普遍成本低利潤高。

院的這項計畫的執行力度大打折扣。那麼臺灣媒體與政府、在野黨是
何種關係呢？此時國民黨的實力與管理能力還是十分強大的，這一點
我們可以從臺灣經濟還保持高度增長看出來。在 2000 年之後，陳水
扁只是以非常微小的差距獲得選舉的勝利，這樣就形成了我們所看到
的朝小野大的局面，這種局面的實質意義就是政府是弱勢的，但在野
黨由於沒有實質的行政權，那麼在野黨也是處於弱勢的狀態。在兩者
都處於弱勢狀態的情況下，媒體此時卻沒有受到任何傷害，媒體完
全有可能成為臺灣政府和在野黨的監督單位，但媒體卻再次浪費了
這樣的機會！

　　其中主要的原因是在於三個方面。首先，媒體陷入短線利益當
中，這最主要的表現是政治談話性節目氾濫。談話性節目的特點就在
於製作成本低、政治攻擊力強，在一般性的談話性節目當中，每位來
賓的酬勞一般為 5000 元臺幣（合 1000 元港幣），這樣具有超額利潤
的談話性節目成為電視臺收視率和利潤的主要來源。另外，電視臺又
充滿了 SNG 的現場新聞，這樣就出現了在同樣的新聞現場，SNG 車

排隊的奇觀。在沒有新聞可報的情況下，臺灣的某家新聞電視臺還會出現現場直播老太太的美容技巧的新聞，主持人還會跟老太太現場連線，不知這樣的新聞製作是否是新聞資源的浪費。臺灣媒體人李濤在接受《新新聞》雜誌的採訪中指出，現在的談話性節目已經沒有真相，參加節目的來賓都在講廢話、文不對題。問題在於如果來賓提出真相的話，不管問題出在哪一方，政治上的帽子就會馬上扣了上去，這是藍綠之間的「魔咒」，這直接的後果就是族群的利益和政治人物為臺灣打拚都成為紙上談兵。

　　2007 年 3 月 29 日消息　據臺媒報導，因處理黑道大哥嗆聲影帶的把關出錯，臺灣 TVBS 電視臺「2100 全民開講」節目昨晚誠懇接受臺灣民眾批評，總經理李濤更是三鞠躬，向全體臺灣人民道歉。據報導，綽號「阿保」的周政保日前持槍拍攝錄影帶並通過臺灣 TVBS 電視臺以獨家新聞的方式密集播出，向黑道老大挑釁。該錄影帶一經播出即在島內引起軒然大波。TVBS 電視臺當時對外表示，是阿保主動寄出錄影帶，沒想到事情急轉直下，TVBS 昨天對外證實錄影帶是臺內記者史振康所拍攝。

李濤鞠躬道歉。

臺灣的政治人物經常談論媒體的亂象，尤其是談話性節目所帶來的煽動性和社會新聞的畫面的殘忍性。其實如果按照歐洲國家媒體發展的規律來看，以及香港電視媒體發展的經驗而言，制止臺灣媒體亂象不是一件非常艱難的任務，不需要用到撤照這樣的強制手段。比如畫面殘忍的社會新聞都放到晚上十一點後播放（歐洲模式），政治談話性節目也都放到十一點後播放（香港鳳凰臺模式），這些只是初步的措施，之後要強勢的政府來執行更多的、有效的措施，但這在陳水扁還處於弱勢總統的情況之下是一件不可能的任務，應該說臺灣這樣的媒體亂象還會持續到 2008 年左右。

中國大陸學者對於輿論監督同樣重視。

臺灣電視「去中國化」 *

　　臺灣有線電視臺今夏的換照審議結果再度引起各方爭議，電視媒體的「公共化」或是「商業化」模式之爭持續燃燒。自上個世紀的八十年代末期，臺灣媒體開始全面進入快速轉型發展階段。蔣經國去世之前解除了戒嚴令，不但平面媒體得以解除「報禁」（限證、限印、限張）的桎梏，並且在九十年代初期，非法的有線第四電視臺也獲得就地合法的機會，形成了公營、民營電視媒體雙軌運行的傳播環境，這一時期被臺灣人視為政治民主化與新聞自由化的里程階段。

香港《大公報》同樣關心和重視來自臺灣的新聞。

---

* 本文發表於《大公報》2005 年 8 月 16 日。

　　然而，這一發展趨勢是在美蘇兩大陣營結束對峙與美國推動經濟「全球化」的大國際戰略環境背景下形成的潮流。臺灣傳媒業在這股潮流中順勢而為，有線電視財團化是對無線電視臺長期壟斷視聽市場的反動，而倡議無線電視臺的「公共化」又是臺灣現今另一股對有線電視財團化的反動勢力。

　　黨政軍退出媒體和無線電視臺「公共化」是民進黨在野時期提出的主張。不過，民進黨執政之後的積極「臺獨」政治作為，快速升級了大陸對臺灣動武的可能性，例如大陸《反分裂國家法》的通過，兩岸關係的緊張造成了外地投資者的卻步。此外，「臺獨」勢力「去中國化」是自絕於大中華文化圈之外，臺灣政治、經濟與文化的局限性從外部環境就大大地制約了臺灣電視「公共化」的理想發展願景，因為經濟衰退將限制公視充裕預算的提供，而「去中國化」將制約公視製作更多弘揚中華文化的節目，只著重在臺灣內部，這將導致

中華郵政改稱臺灣郵政。

工人在拆除「大中至正」牌匾。

讓臺灣媒體陷入「邊緣化」與「區域化」的空前危機。

電視節目本土化趨勢

　　臺灣電視節目「本土化」的趨勢，可以說始於李登輝第二任執政時期。「本土化」在很長的一段時間內表現在以「閩南語」發音的新聞節目和連續劇制播上面，目的用以區隔長期以來國民黨在兩蔣執政時期所推行的「國語」（普通話）運動。以「閩南語」地方語系為主

的語言符號政治，凝聚了在臺灣本島上佔據 70% 人口結構的福佬人的文化與情感，這使得在 1949 年以後從大陸移民到臺灣定居的外省人感受到由於自己是少數人口而遭到排擠的氣氛。而與此對比的是，臺灣客家族群與原住民卻成為「本土化」趨勢中被當前主流政治人物拉攏的對象。

臺灣這幾年以來所進行的各種選舉，幾乎都是以非彼及我的藍綠大對決的宣傳手法爭取選票，導致了社會大眾情緒的二元對立與族群分裂，政黨之間的政治爭鬥凌駕一切公民利益。電視每天都充滿各種政治議題，來賓主要以政治人物為主，但為何各種討論仍無法遏止臺灣的政治對立和振興經濟？其中不乏各種因素，但是與大陸之間缺乏良好的互動關係恐怕是主因，這也就是今年泛藍陣營領導人率團紛紛前往大陸的原因，訪大陸是希望兩岸能夠建立定期的對話機制，以突破臺灣當局「鎖島政策」所帶來島內的各種困境。

圖 5-7　孫中山讓位於袁世凱後，赴武漢訪視時與黎元洪合影。

圖 15-4　國父讓位於袁世凱後，赴武漢訪視時與黎元洪合影

孫中山不再是國父。

臺灣內政部公佈了《標準地名譯寫準則》草案，明文規定，年底前將把全部地名拼音改為臺灣所謂的「通用拼音」。輿論認為，當局此舉分明是與國際脫軌，將使臺灣更失競爭力。（圖片來源：中國大陸經濟網）

　　電視媒體原本擁有的弘揚多民族文化的功能，無奈在政治人物動機不單純的情況之下而遭到踐踏。由於臺灣內部政治人物的權力爭奪，讓臺灣在推動文化復興與融合的過程當中逐漸置身於大中華圈之外，於是造成了臺灣電視傳媒根本無力在維護與發揚中華民族文化上發揮作用，區域性的「本土化」節目只好成為臺灣文化的主體。臺灣電視媒節目「本土化」的趨勢成為了李登輝執政晚期與民進黨執政後的主流文化。

公共化與商業化之爭

　　公共電視是歐洲乃至許多國家弘揚民族文化與確保節目多元、分眾的最佳模式，不過在上個世紀九十年代中葉以後，各國為了擴大本國的影響力和拓展國際媒體市場，公共電視臺中的典範例如英國廣播電視公司就出現了國內與國外兩種不同的經營模式與思維意識。

臺灣《蘋果報》以圖片編輯的活潑性獲得讀者重視，其實並沒有太多的技巧，只是敢想、敢幹，符合香港人的個性。

在臺灣被稱為政治亂象來源的有線電視頻道，其實在 1993 年被臺當局合法化之後，當時代表的是臺灣政治民主化與新聞自由化的典範，這是相對於臺灣無線電視三臺：臺視、華視、中視在國民黨執政時期由省政府、國防部、國民黨分別出資經營的官方媒體而言。當時在解嚴之後，有線電視財團化事實上是符合臺灣發展政治多元、節目多樣的視聽需求。此外，也符合美國對臺控制所進行文化殖民的利益。有線電視在追求商業利益的取向之下，快速地捕捉到臺灣政治權力爭奪的發展趨勢，以大量的政治醜聞、政黨之間的爭論作為新聞來源，再加上各種災難事故和媒體製造的各種無關公共利益的街頭巷議的話題，決定了公眾每天的收看內容取向。這就是臺灣學界與民間監督媒體單位稱之為腥羶色的新聞。

目前臺灣有五家無線電視臺：老三臺、民視和公視。無線電視臺「公共化」主張者希望政府釋出臺視與華視的股份，與現有公視搭建一個更大的公視平臺，公視為全民所有，主要資金由政府直接預算補助。而推動無線電視臺「公共化」是臺灣另一股認為解決有線電視頻道節目亂象的方法，因為要直接控制有線電視頻道的節目製作方針難度太高。再者，有線電視臺背後的財團，一部分是民進黨選舉政治獻金的來源，民進黨政府目前只能以換照、撤照的行政手段對親國民黨的電視臺與節目施以壓力。在臺灣以財團金主為支持的選舉政治，註定在兩蔣威權政治結束之後，不論是過去李登輝執政的國民黨時代，還是現在陳水扁執政時代，都無法解決有線電視臺財團化的問題。

新華網非常重視來自臺灣的新聞。

臺灣中天電視臺網站。

符合美國全球傳媒戰略

　　因為有線電視臺的存在不但符合美國傳媒的全球戰略的利益，也符合執政的民進黨掌握媒體發言平臺的政治利益。因此，希望對有線電視進行改革目前仍是緣木求魚。無線電視臺卻是「公共化」首選的出路。首先，黨政軍退出媒體和無線電視臺「公共化」是民進黨在野時提出的主張。民進黨執政之後雖有若干舉措，但仍然是雷聲大、雨點小，其主要原因應與臺灣「臺獨」政治為主軸有關。因為這樣的政治環境影響了民心安定與外地投資者的信心，如此一來，臺灣的經濟發展勢必受到政治封閉的阻撓。缺乏資金投入與「本土化」自絕於大中華文化之外的因素，都從外部環境制約了臺灣電視「公共化」的發展。

　　在美國長期與前蘇聯冷戰的軍事對壘期間，美國趁著二戰歐洲經濟受創之際，以「民主」與「自由」為號召，率領歐洲國家與前蘇聯為首的共產聯盟形成完全對峙。「民主」與「自由」長期以來一直是美國干涉他國內政與意識形態操控的良方。由於美國沒有受到兩次世界大戰的摧殘，以安全的環境吸納了受兩次世界大戰迫害下的全球優秀人才，並且在歐洲與亞洲經濟復甦之際，有足夠的時間進行經濟的發展，人才濟濟的美國終於發展成為世界經濟、政治與軍事的強國。

　　然而，維繫美國強國的利益必須建立在控制他國內政的基礎之上。因此，美國傳媒就以文化霸權的姿態侵入各國，軟性的文化殖民取代過去強硬軍隊殖民的做法，更不容易遭到當地居民的察覺與反抗。但文化殖民的建立促使美國必須先讓政治威權的地方開放門戶。「經濟全球化」與「政治民主化」最能直接引起當地反對派的呼應，這多半是在威權政體與極權地方內，這也反映了一種政治資源配置不公與人才苦無機會出頭的結果。

參考消息

CANKAO XIAOXI

新華通訊社編印
內部刊物·注意保存

1979年3月
5
星期一
第7372期

外电评述　我边防部队攻克越北部重镇谅山

合众社说"中国的战术出人意外的好"，路透社报道说"中国在占领谅山后便可宣布
已给了河内教训，从而将部队撤回中国"

【合众国际社曼谷三月三日电】（记者：保罗·韦德尔）情报部门的消息昨天说，中国入侵部队在坦克和大炮的支持下，一下突破战略省会谅山周围的防御，又沿着历史上入侵越南北部心脏地带的路线前进了至少两英里。

从北京来的消息说，中国领导人虽然对这次军事收获感到满意，并已决定把军队撤出越南，但尚未决定什么时候撤。

在中国出兵以后，越南已立即开始用美制C—130运输机把越南南部的至少一个师（七千至九千人）主要靠紧急空运去参加河内周围的防御。

据说由中国的战术出人意外地好，坦克、人员、物资的调动极为出色──一位人士说，"对于一支二十年没有打仗的军队来说是相当不错的。"

来自战场的消息说，中国进攻的先头部

他们说，到星期五傍晚，中国人完全包围了谅山。

一位西方外交人士说，"中国人显然竭力想攻下谅山，越南人显然竭力制止他们。看来中国人胜得非常利索。"

河内电台今天报道的军事活动消息不仅仅是包谅山之战。这电台说，中国军队占领了黄连山省和广宁省的两个小城市。

【路透社曼谷三月三日电】（记者：迈克尔·巴蒂）可靠人士说，中国部队今天打入了越南东北部的省会谅

山。

这些人士说，中国部队似乎已击退了各山头的越南军队（河内电台今天第一次承认其中有主要防线的部队），开入了谅山市，现在东于谅山市内已不再有炮击的危险。

这些人士说，中国占领谅山可能是这场战争的一个决定性的转折点。这些人士说，这座城市是越南重兵陆守的城市周围进行了几乎一个星期的激战。

他们说，中国在占领谅山后便可以宣布它已给了河内以"教训"，从而将部队撤回

到两国边界的中国一侧。

中国部队还控制了北越的另外一些省会，其中包括在东北角的芒街，谅山以北的高平和西面的老街。据信他们还控制了西北角的莱州。

【合众国际社香港三月四日电】星期六（三日）来自前线的官方消息说，中国步兵、扫雷部队和坦克部队攻克了省会谅山。

取得这一神奇的胜利的秘诀是首先攻占了俯瞰谅山市的扣马山。这座山海拔三百三十米，距中越边境一英里。

时事社报道　《中国的军事行动即将结束》

【时事社东京三月三日电】题：中国的军事行动即将结束，宣传"制裁"已完成的舆论工作也正式开始

北京三日电：可靠的中国人士三日说，"中国对越南的军事行

转向撤退行动，"还要看战局的动向如何，无法作出明确的估计。"

同时，今天晚上北京电台和北京中央电视台都报道了强调这次"反击战"取得显著的消息。可以认为，这是

【共同社东京三月三日电】一位外务省人士今晚说，他们已得到中国决定从越南撤军的情报。

他在评论从北京发出的关于中国已作出撤军决定的报道时说，外

《参考消息》同樣重視臺灣的報導。

臺政黨爭奪媒體制高點[*]

　　選舉期間，臺灣電視臺不但有明顯的政治立場，還能有高額利潤，觀眾則必須每逢選舉就忍受政治立場撕裂的各種叫囂畫面。政治人物與媒體相互利用，各取所需，民眾則被利用在這種選舉戲劇中扮演低廉的配角演員。

　　今年臺灣 83 家衛星有線電視面臨六年一次的審議換照，初審時有 23 家電視臺未通過，與臺當權關係友好的民視與非凡財經臺則順利通過了初審。許多電視臺主管都趕緊吩咐部下要多派 SNG 車採訪謝長廷閣揆的活動，多捧政府的場以緩解彼此間的緊張關係。終審結果有幾家色情頻道未能過關。另外，較引人爭議的是，有幾項節目曾獲得金鐘獎殊榮與業界肯定的東森 S 臺也未能過關。看來民進黨當局不但要壓縮國民黨在無線電視臺的生存空間，還要打壓親國民黨的有線電視業者。對此，筆者在上次專欄中已經介紹過。2000 年，臺灣政權經歷政黨輪替，2004 年，陳水扁拜兩顆子彈的「3.19」事件之賜險勝總統大選，當選後即成為跛腳總統，真相未能大白之前，就是名不正、言不順。接下來，民進黨必須要贏得 2008 年總統大選，才可能在臺灣長期執政。而國民黨中生代接班已確立，新任黨主席馬英九是形象極好的媒體寵兒。因此，為因應 2008 年總統大選，掌握媒體資源將是爭奪總統大位的決定制高點。

---

*　本文發表於《大公報》2005 年 8 月 30 日。

臺灣《蘋果報》網站，以圖片吸引讀者眼球，但同樣強調專欄作家的重要性。

臺灣公視網站。

整頓媒體為大選鋪路

　　臺當局整頓有線電視的目的是為了2008年總統大選鋪路。東森S臺被指節目廣告化未能獲得經營權，而東森新聞臺卻成功過關。這樣的結果雖令外界驚訝，不過，臺灣新聞局長姚文智卻表示已經對東森電視臺不錯了。言下之意，總比關閉東森新聞臺要好，這是政府給他們的一個小小的警告。臺新聞局衛星電視審議會這樣的決定可能基於兩個考慮：首先，關閉新聞臺不免讓外界質疑打壓新聞自由，而關閉東森S臺同樣能給東森媒體高層施以威嚇力；其次，東森集團總裁王令麟政商關係綿密，游走於兩岸三

臺灣東森電視臺主播盧秀芳（圖片來源：news.xinhuanet.com/）。

地的國民黨、民進黨與共產黨之間，東森是臺灣在大陸佈局最積極的媒體。民進黨政府試圖要滅他的氣焰，這似乎令王令麟也感到錯愕。

　　據8月2日臺灣的《中國時報》報導，由於東森S臺未能換照成功，該臺員工士氣低落，擔心飯碗不保，東森集團總裁王令麟於8月1日從凌晨開始與臺內主管召開危機處理會議一直至天亮，一早即進行安撫員工的情緒，並表示說：「即使我自己沒飯吃，也不會讓員工丟飯碗。」對於東森S臺的300多名員工、播出節目、廣告、主持人的合約問題，東森媒體的高層也有了初步緊急應變方案。

　　有線電視的前身是社區共同天線，在偏遠地方用來傳輸無線電視臺的信號，扮演的是轉播的角色。後來有業者自行架設線纜，放映外地電影、運動比賽和色情片招攬生意。1982年，臺灣新聞局遂開始研

曾是電視臺主角的布袋戲是在明末清初時傳入臺灣，當時的布袋戲仍十分簡陋，特徵為單人演出，只配有單純的鑼鼓音樂，表演的劇目為短劇，並沒有一個完整的表演腳本。乾隆之後，布袋戲在福建地區特別發達，不管在劇本、音樂及唱腔口白，都為吸引當地觀眾開始採用福建地區的戲曲加以發展，造成特殊的表演方式（故事、音樂及唱腔口白等方面），形成所謂的「戲曲布袋戲」；此一分歧點，使得布袋戲成為地方傳統戲曲。

擬計畫，欲將非法第四臺納入管理當中。1987 年臺灣解嚴之前，臺當局曾經取締非法發射塔 248 件，剪除線纜 58 萬多公斤，沒收強波器 4 萬多個。不過，這仍無法取締非法線纜業者。因此，將有線電視經營合法化的呼聲遂逐漸高漲。

有線電視與權錢掛鉤

　　1992 年，在美國 301 報復條款的壓力之下，以及各方政黨與利益團體的號召，其中包括代表國民黨利益的博新多媒體公司、現東森媒體集團總裁、前立委王令麟主導成立的有線電視發展協進會、現真相電視臺董事長、前立委周荃率同第四臺業者成立的「中華民國有線傳播發展協進會」、民進黨立委洪奇昌為首與部分線纜業者組成的「臺灣民主電視臺全國聯合會」、代表美國片商的美國影片出口貿易協會

等組織，紛紛組織起來，共同促使有線電視法案在立法院順利通過。一方面，業者看準的是臺灣有線電視發展初期預計每年 300 億臺幣以上的商機；另一方面，也可緩解臺灣線纜業者盜版侵權導致美國片商利益損失的情況。

臺灣的有線電視市場經過系統播送業者之間的水準整合，以及系統業者與頻道經營者（頻道節目供應商）的垂直整合，基本上已經形成力霸東森集團與和信集團佔據全臺三分之二市場的霸權局面。自李登輝主政時期開始，兩大媒體集團與政府高層互動密切。例如已故的辜振甫代表的是和信集團，他曾是「中華民國工商協會」理事長，代表臺灣參加過 APEC 會議，擔任促進兩岸交流的海基會會長，他在政界的影響力不言而喻。另外，東森集團總裁王令麟又多次擔任國民黨的不分區立委，其父王又曾曾任臺北市商業會理事長、「中華民國全國商業總會」理事長，王家也是政商關係緊密。

臺灣各地有線電視的系統業者當中基本上是地方派系林立，這與臺灣選舉重視地方綁樁的傳統有關。此外，有線電視臺在選舉期間的高額商機，是點燃臺灣選舉激情的主要催情劑。每家新聞臺有一定數量的 SNG 衛星新聞採集直播車，24 小時不斷現場轉播各政黨候選人的造勢晚會。尤其政黨與政治人物的造勢晚會與形象廣告，不但可以讓電視臺賺進幾千萬臺幣的大筆轉播費用，還可以達到增加收視率和吸引大量廣告的外溢效果。選舉期間，臺灣電視臺不但有明顯的政治立場，還能有高額利潤，充分體現金錢、權力與媒體掛鉤的惡質現象，觀眾則必須每逢選舉就忍受政治立場撕裂的各種叫囂畫面。政治人物與媒體相互利用，各取所需，民眾則被利用在這種選舉戲劇中扮演低廉的配角演員。

政論節目流於表面工夫

在臺灣有線電視線纜鋪設率超過八成，它較無線電視臺的優勢就是沒有過去威權體制的包袱，最重要的是，多家有線電視臺擁有 24

小時全天候輪攝的新聞頻道，隨時報導最新消息。因此，有線電視頻道是候選人造勢宣傳的最佳宣傳管道。

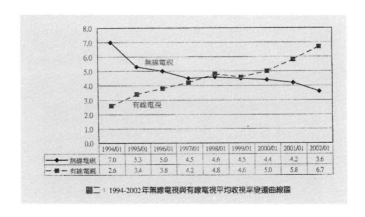

圖二：1994-2002年無線電視與有線電視平均收視率變遷曲線圖

教育部函有線廣播電視法第十九條、第五十條的法令。

（圖片來源：國立藝術大學網站）

　　臺灣的有線電視法比較偏重在更正與答辯的名譽恢復權利上面，而選舉前三個月的「時間均等」與「平等機會」原則因為會影響電視臺的收入，電視臺多不願為之。如此一來，有些政論節目就流於公平原則的表面工夫，讓對立的政治人物進行口水戰，同時刺激觀眾的對立情緒，好讓這種辯論永無止境的進行下去，收視率就有保障了。但問題是，政治人物在媒體上宣傳要花錢，臺灣的政治人物要擺脫權錢與媒體掛鉤的現象似乎很困難。

廣東《南方都市報》，該報對於國際問題報導較狹隘，以陳地方主義為主。

扁府與媒體陷入激戰[*]

　　最近以來，臺灣媒體追蹤報導高雄捷運弊案有越演越烈的態勢，不論是藍綠陣營的人馬都顯示有與媒體聯手打擊陳水扁的意味。這一方面反映出執政當局的民進黨黨內派系鬥爭已經浮出水面，各派系頭號人物將擺脫陳水扁的影響爭奪 2008 年的總統大位；另一方面，在國家通訊傳播委員會成立之後，也顯示了臺灣媒體將仍在兩黨之間扮演被拉攏的物件，媒體與政黨之間將會是利益共同體的關係。執政當局的新聞局將失去它的管制與決策功能，這意味著不論是哪一個政黨執政都將無法完全操控媒體，除非臺灣進入戰爭狀態或是陷入空前的大災難當中迫使政府宣佈實施戒嚴。因此，臺灣當局想再度成為「中央集權」的「大政府」的機會將微乎其微，在陳水扁執政初期臺灣媒體第四權的角色在經濟陷入困頓狀態時開始減弱，現在臺灣媒體開始再度面臨轉型，媒體希望再次成為臺灣政治權力結構中具有主導力量的一支機構，看來這次 TVBS 與政府的激戰會再次成就媒體的第四權的角色。

香港《商報》對臺報導。

---

[*]　本文發表於《大公報》2005 年 11 月 10 日。

選舉觸發攻防戰

　　臺灣當局在今年 8 月大刀闊斧地關閉七家電視臺。這一舉措加深了臺灣「獨」派政府與統派媒體本已惡劣的互動關係。臺灣電視臺多年來一直是民進黨與國民黨政治鬥爭的公開戰場，爭奪議題設定的操控權一向是政治人物與媒體人的重要政治傳播行為。尤其是在選舉期間，議題的偏向足以加深或改變選民的政黨傾向與投票行為。今年年底將進行縣市長的選舉，民進黨與國民黨已經陷入宣傳激戰。媒體的政治取向成為民進黨當局心中的包袱，因此，從臺灣新聞局決定施展手中權力，從撤銷數家電視臺執照開始，臺執政當局的強制舉動促使了泛藍政黨聯手在立法院通過研議多年的國家通訊傳播委員會，以解決新聞局動輒啟動公權力關閉吊銷媒體的營運執照。

臺灣媒體惡搞陳水扁口誤事件。

2006 年 9 月 28 日的 20 周年黨慶，民進黨是在一片「倒扁」聲浪中狼狽度過的。從 1986 年 9 月 28 日的倉促成立，到 2006 年 9 月 28 日的急速衰退；從「有夢最美、希望相隨」到「有夢見鬼、弊案相隨」。

　　新聞局這個具有絕對行政裁量權的管理單位，將被按照政黨比例分配原則的國家通訊委員會取代。也就是說，政府對媒體的管理權將由政府手中轉移到政黨手中。這對於媒體的生存將非常有利，但是這同時也更加深了媒體的政治傾向。「獨」派與統派媒體都將從政治態度取向上的對立轉而變成政治行為上的對立。臺政黨與媒體的相互依存關係會更加地緊密，然而，媒體扮演監督政府的第四權角色的獨立性將失去實質的意義。從臺當局吊銷電視臺執照，到國家通訊委員會在立法院通過，一直到近日以來，媒體對高雄捷運弊案和臺政府高層涉案的相關新聞的一連串報導行為來看，儼然已經形成了民進黨政府與媒體的攻防戰。而泛藍政黨的立法委員成為了統派媒體揭露弊案的消息來源，這些立法委員背後還有提供消息來源的臺灣深喉嚨（Deep throat）。媒體揭露弊案已經讓年底縣市長選舉提前開打，同時引爆了行政部門與媒體的攻防戰爭。

爭奪議題設定操控權

回溯 2000 年時，民進黨文宣組大量製作競選的形象廣告，成功地塑造了民進黨活力清新與清廉反貪的正面形象。同時民進黨也製作了國民黨負面形象的競選廣告，例如其中連米酒都搞不定的廣告，特別勾起了老百姓的不滿，這是因為臺灣的進補飲食文化與米酒分不開，在臺灣準備進入世貿組織前夕，一瓶米酒從 20 塊臺幣攀升到 110 塊臺幣，大大地增加了民眾消費的負擔。當然光靠競選廣告還是不夠的，如果能夠在投票前夕揭露競爭對手的醜聞，那就更具有決定勝負的關鍵意義。

最近臺媒體不斷將議題設定在民進黨高層涉入高雄捷運弊案與在國外賭場洗錢，這無疑是媒體對臺政府撤銷媒體執照的反撲。其中有線電視臺 TVBS 首先公佈了陳水扁前總統府副秘書長陳哲男與前高捷副董事長陳敏賢共赴韓國賭場的照片，這不但引發臺當局揚言要撤銷該電視臺執照，同時也引發了民進黨內部派系爭權的鬥爭。上世紀九十年代初 TVBS 開設了「2100 全民開講」的政論性節目，首開臺灣電視媒體節目接聽民眾叩應的先河，這一舉措對當時民進黨而言無疑是非常有利的。因為國民黨長期在臺灣執政，其對媒體多年的管控早已引起新聞界人士的不滿，這種不滿也同時存在於學者、大學生和許多民眾心中，而媒體的公開論壇等於提供社會大眾宣洩對政府政策不滿的管道。當時媒體普遍也比較憎恨執政黨而同情在野黨，這與國民黨執政多年與媒體結下的怨恨有關。臺灣的媒體也普遍以政府的監督者為由，新聞報導對執政當局形象極為不利。加上民進黨善於製造議題，與媒體需要議題不謀而合，政治人物與媒體這種幾乎是餵養關係的傳播形態，有利於民進黨推出打擊國民黨形象並且塑造民進黨正面形象的文宣攻勢。

阿扁陷入政治危機

這次臺灣媒體相當積極追蹤報導高雄捷運弊案，這使得陳水扁陷入當選臺灣領導人以來最大的政治危機。首先，民進黨黨內派系鬥爭已經浮出水面，各派系積極爭取年底縣市長的地方執政權力，這將是 2008 年民進黨推出總統候選人的重要政治資源，各派系人馬屆時勢必合縱連橫，陳水扁將被迫削弱自己對提名總統候選人的權力。

當前民進黨內有可能角逐總統大位的現任行政院院長謝長廷、民進黨黨主席蘇貞昌、以及現任「副總統」呂秀蓮都將與陳水扁政府弊案的事情劃清界線。其次，臺灣媒體在被新聞局吊銷執照或被威脅關閉電視臺之後，照理說應該是噤若寒蟬。然而，這次媒體卻是鋪天蓋地追著雙陳窮追猛打，其之所以敢於大量報導政府醜聞，這不但顯示了執政者的窘境，同時也反映了在國家通訊傳播委員會成立之後，臺灣媒體在兩黨政治鬥爭中將是被爭取籠絡的對象。執政黨任何打擊媒體的舉動都將適得其反，這一點已在近期 TVBS 的政論性節目「2100 全民開講」和「新聞夜總會」的攀升收視率中體現出來。

臺灣媒體相當積極追蹤報導高雄捷運弊案，這使得陳水扁陷入當選臺灣領導人以來最大的政治危機。（圖片來源：military.people.com.cn/）

胡錦濤對於臺灣的講話。

臺成立 NCC 難改媒體亂象[*]

臺灣要成立 NCC 了！NCC 的全稱為國家通訊傳播委員會。為此臺灣立法院的藍綠立委們又再次上演全武行，問題爭論的焦點在於成立 NCC 後，藍綠政黨在 NCC 委員會中的委員按照什麼樣的比例進行分配。2005 年 10 月 25 日 NCC 通訊傳播委員會組織法在立法院三讀後通過。行政院新聞局長姚文智 26 日表示，這項法案不只違反黨政軍退出媒體的改革，簡直是中國國民黨黨產的「復辟」、「保值」條款。NCC 組織法通過後，國民黨產交易的價格，可能提高幾十億元。NCC 的通過，可說是國民黨準備出脫黨產時的「售後服務保證書」，國

2006 年 3 月 2 日下午臺灣通訊傳播委員會（NCC）舉行正副主委任職和掛牌儀式。主委蘇永欽再次呼籲臺當局行政院補足三位出缺委員。據臺灣媒體報導，NCC 3 月 1 日下午正式掛牌成立，臺當局行政院指派媒體出身的政務委員吳豐山主持正副主委的任職儀式，而行政院長蘇貞昌卻沒有現身，致詞貴賓則是當過記者的臺立法院副院長鐘榮吉。

民黨運用掌握多數的 NCC 委員，使相關媒體交易得到保證。應該說姚文智所說的現象是存在的，但 NCC 草案提出的焦點就模糊了。因為很多的臺灣媒體人認為新聞局的存在是臺灣媒體自由發展最大的絆腳石，但如果 NCC 成立之後，媒體是否會進入正常發展的程式呢？

---

[*]　本文發表於《大公報》2005 年 11 月 22 日。

地下電臺是 NCC 處理的主要問題之一。臺灣地下電臺從小金門發聲向大陸民眾賣藥，有關單位一舉破獲九家地下電臺，抄出總價一千餘萬元的天線、廣播、電腦等設備。

2007 年 6 月 27 日臺新聞局揚言要將通訊傳播委員會（NCC）和名嘴趙少康移送法辦。理由是，NCC 批准趙少康買下國民黨旗下的中國廣播公司（簡稱中廣）的股權。臺灣媒體分析說，這場大戰表面上看是針對 NCC 和趙少康，但實質上都是衝著國民黨來的。

「九〇八臺灣國運動」、保護臺灣大聯盟等團體，不滿國家通訊委員會（NCC）中區監理處拆除「海洋之聲」電臺電波基地發射臺，一日率眾前往該處抗議，還以貼封條及焚燒憲法等方式，強調該處違憲，整個抗爭行動在警方制止下，歷時約 30 分鐘平和落幕，但抗議群眾揚言，未來持續發動抗爭行動，直到政府撤除 NCC 為止。

表決通過國親修正版本

　　按照國際慣例，美國管理電視媒體的單位是聯邦通訊委員會。英國是獨立電視委員會負責英國廣播電視公司以外的其它電視廣播機構發放營業執照，並進行監督。在法國則是由廣播電視局來控制法國廣播、電視媒體的發展，該機構屬於法國新聞部領導，是國家公共機構和具有商業性質的國營企業，由國家預算提供資金。在俄羅斯則是國家總統直接管轄的全俄羅斯廣播電視公司負責國家廣播電臺和電視臺。應該說，在蘇聯解體之後，國際間的意識形態對立已基本解除，因而這些國家的廣電管理機構的基本職能基本上都是管理廣電的營業執照和信號的發射。

　　臺灣立法院三度處理 NCC 組織法，尋求三讀表決。經過多次協商，藍綠各有退讓推出修正版本後，終表決通過國親修正 NCC 版本。

表決通過的 NCC 法案主要內容包括：NCC 成立後，臺灣通訊傳播相關法規都由原來掌管的政府部門如新聞局、電信局等，移交給 NCC 主管；NCC 委員會由中立的學者專家組成，共 13 人，各政黨將按「國會」所占席次比例推薦 15 人，行政院再推薦 3 人，總共 18 個人選，再交由一支同樣按政黨比例由各政黨推薦學者專家組成的「審查委員會」審查資格，從中推選出 13 人；當選 NCC 委員任職期間不得參加政黨活動或擔任政府機關、公營事業的職務或顧問，也不得擔任通訊傳播事業或團體職務。

維護媒體利益成最大戰場

　　臺灣現在才開始討論要成立 NCC，在時間上應該是晚了些。但在臺灣總體以選舉為前提的政治環境下，NCC 的成立只能是媒體成為選舉中管理媒體的工具，而 NCC 的管理職能在未來的幾年時間內將不會起到任何作用。因為在兩個方面的職能上 NCC 將會直接讓位於三年後的大選，首先是營業執照的發放上，以現在臺灣政黨藍綠嚴重分化為前提。那麼，媒體中出現的是非問題並不會有確切的結果，媒體中是否出現違規的問題將會非常難以判斷。最後的結果將是在一片吵鬧聲中每一家都發放執照。另外，在電視臺信號的發射上，NCC 也將無從進行有效的管理，因為對於任何的電視臺來講，信號的發射都是公司利潤的重要來源，而在臺灣非常講究政商人脈關係的前提之下，這些信號的發射公司只要表態支持政府，那麼，對於通過發射信號的管理來治理媒體的理想就會難以實現。

　　媒體改造學社執委、臺灣大學新聞研究所助理教授洪貞玲指出，NCC 的設立原則，首先就是必須能夠有效避免政治和商業力量的干預，因此委員的組成方式尤其關鍵。她批評，朝、野版本的 NCC 委員組成，均有明顯的政治干預可能性，都有修正之必要。洪貞玲建議，

NCC 委員宜由行政院透過社會徵詢程式進行提名，立法院則以透過公開之聽證程式列使同意權。

玄奘大學大傳系助理教授柯舞智以英國的獨立傳播管制機構 Ofcom 為例，認為 NCC 的委員組成和運作，最重要的就是資訊和管制規則的詳盡、公開和透明，以避免各種可能的爭議，並接受社會監督。她提出「公民消費者」的概念，認為 NCC 只把一般民眾當成消費者，但是缺乏公民身份的考慮，將無法真正照顧公民的傳播權益。

公民媒改聯盟代表、婦女新知秘書長曾昭媛指出，公民媒改聯盟的成立，就是要宣稱公民有權也有意願要參與傳播事務的管制以及傳播環境的改革，因此她贊成 NCC 委員當中應保留一席消費者代表。

現在看來 NCC 成立的前提條件是，臺灣還陷入政黨對立當中。但 NCC 成員的比例是按照立法院政黨比例組成的，這樣只能導致原來由政府主導的媒體政策，現在變為所謂的專業人士主導。原來政府主導最大的弊病就在於新聞局始終擺脫不了政府的化妝師的角色，但是在臺灣近十幾年的政治發展過程當中出現的政務官和事務官現象，就是說政黨輪替後，新聞局換的只有政務官，而大部分的事務官都留任。這樣新聞局在執行政府政策時並不一定完全維護政黨的利益，法制成為政府機關最大的約束力。在民進黨執政後的五年間，臺灣新聞局的政策是部分維護了政府的利益，部分維護了政黨的利益。作為政府機關的一部分，新聞局就是沒有維護媒體的利益，這樣臺灣在野黨在利益最大化的基礎之上，維護媒體的利益成為最大的戰場。

「去中國化」手段令廣電政治化

總體而言，臺灣新聞發展最大的絆腳石是新聞資源過少，而且新聞頻道過多。NCC 的成立最多只是從專業的角度處理問題，來自政府的強制性命令將會變為隱性的壓力。現今全世界的廣電媒體改革的趨勢是在於要麼像歐洲部分國家一樣，廣電成為文化發展的一部分；要

麼像美國一樣，廣電成為商業盈利、自負盈虧的獨立經濟個體。但這些國家的廣播電視發展中都把電視新聞視為特殊管理的對象，比如在美國的 CNN 和英國 BBC 新聞臺。比如在鳳凰衛視最近一期縱橫中國介紹臺灣的節目中，筆者發現來自臺灣的貴賓已經不太會介紹臺灣了，反倒是來自大陸的王魯湘老師把臺灣介紹得活靈活現，因為王魯湘是按照中國文化的角度加以介紹，而其它來賓則按照自己的認識介紹，結果顯示出嘉賓混亂的多元化，沒有集中點。應當可

以看出，NCC 成立之後，在近期之內，臺灣電視還是政黨內鬥的工具。但就長期而言，臺灣廣電必將會納入獨立自主的經濟體內，因為如果廣電要想成為文化載體的話，那麼臺灣的政治必須建立在一個中國的基礎之上，因為只有中國大量的文化才能支持廣電多元的文化播出，而僅僅是閩南文化是根本不夠的。現在臺灣當局的「去中國化」，只能造成廣播電視的發展更加政治化。

臺灣媒體揭弊影響選情*

　　臺灣於 2005 年 12 月 3 日舉行了地方縣市長、縣市議員、鄉鎮市長的「三合一」選舉，結果揭曉：國民黨以 14 席比民進黨的 6 席贏得了地方行政長官過半席位的壓倒性勝利，再加上泛藍陣營親民黨在連江縣的一席與新黨在金門縣的一席以及臺東縣無黨籍一席，泛藍陣營以一共 17 席的優勢改變了臺灣政治版塊的結構。臺灣地方政治勢力由綠轉藍，民進黨的地方政治版圖確定往南退縮。臺灣許多評論者認為，國民黨的黨主席馬英九正式跨過了綠營長期盤踞的濁水溪，成功打破了馬英九跨不過濁水溪的迷思與困境。民進黨輸了地方選舉也顯示了人民對政治明星陳水扁的執政中期投下了不信任票。未來臺灣選舉勝負關鍵將是候選人的人格特質，「選人不選黨」將是民眾考慮的投票標準。

2005 年 8 月由泰國勞工暴亂而引發的高雄地鐵弊案，已演進為臺灣政壇的「水門事件」。由於牽涉到一系列政治醜聞，黑幕重重，已幾乎動搖了民進黨政府的執政根基。該臺灣版「遠華案」的曝光，臺灣媒體的報導監督與有功焉。

---

*　本文發表於《大公報》2005 年 12 月 7 日。

2007 年 11 月 20 日，中國國民黨籍立委邱毅坐了近 7 個月牢後出獄。圖為邱毅從坐牢地點高雄到臺北後，返回「立法院」，同黨「立委」依習俗送上柚子、蘋果及橘子，分別代表保佑、平安及吉利，並端上一碗豬腳麵線，希望幫邱毅去掉霉氣並補壽。當天是臺灣新一屆立委選舉登記最後一天，而邱毅則已被列為國民黨不分區「立委」提名的第五名。邱毅感激國民黨有情有義，並表示將繼續堅持理想走揭弊的路。在臺灣，邱毅因揭發陳水扁家屬涉及弊案，而被泛藍陣營冠以「揭弊英雄」，也有人則稱之為「爆料天王」。4 月 26 日，他被指控率眾衝撞高雄地方法院，以首謀聚眾妨害公務罪入監。（圖片來源：中新社網站）

大陸新浪網站的圖片。（圖片來源：bbs.yzcg.gov.cn/）

抹黑伎倆逐漸失靈

　　這次臺灣地方首長選舉被認為是負面選舉最嚴重的一次，例如尋求連任的桃園縣長朱立倫、臺中市長胡志強以及首度披戰袍參選臺北縣長的周錫瑋在選前都遭到對手陣營的惡意中傷，而朱立倫與胡志強已經尋求法律途徑解決其中涉及觸法的部分，以期達到遏止惡質選風的目的。實際上，自從臺灣經過政黨輪替以來，每年的選舉都是賄選、造謠抹黑對手的各種選舉伎倆滿天飛，其中民進黨的萬靈丹就是抹紅泛藍陣營勾結對岸要消滅臺灣，過去兩岸關係的緊張也確實讓民進黨有操弄族群議題的空間。然而今年連戰、宋楚瑜和郁慕明等泛藍黨主席相繼訪問大陸之行徹底破除了「省籍牌」分化族群的魔咒，抹紅在這場選舉中沒有發揮的餘地，因為多數民眾贊成緩和兩岸關係並加強兩岸交流來復甦臺灣低迷的經濟。

　　自民進黨 2000 年執政之後，不但兩岸關係加速惡化，而且民進黨自身與財團勾結，利用各種優惠政策討好財團留在臺灣，同時又以高額軍購的預算案討好美國，反而掏空民眾的荷包填補國庫的窟窿，致使民眾生活條件每下愈況，貧富差距逐漸拉大。此外，民進黨政府貪污腐敗時有所聞，臺灣股票市場也始終處於低迷狀態，造成民眾荷包不斷縮水，現在民眾已經相當厭惡藍綠政治對立所造成的社會不和諧，臺灣民眾這些年來可謂是飽受精神和物質雙重之苦。臺灣經過了多次激烈的選舉，民眾已對負面選舉伎倆產生了免疫抗體，選民逐漸從情感取向走向理性判斷，這對於臺灣重塑社會價值觀、振興經濟以及穩定兩岸關係有正面實質的意義。誠如馬英九所言：這是真正全體臺灣人的勝利，國民黨沒有打敗民進黨，是民進黨他們打敗了自己。

民進黨兵荒馬亂

　　貪污疑雲聲浪不斷，導致了陳水扁個人的政治聲望頓時大跌。陳水扁在選前發表了電視講話，他說高雄捷運弊案是謝長廷的事，與中央沒有關係，並表示他與謝長廷的關係有時也相當緊張；他還表示這次選舉是地方選舉不應該拉高提升到中央的層次。陳水扁的講話就是要與高雄捷運弊案撇清關係，也顯示他極力切割這次選舉結果與2008年總統大選劃上等號。總統選前說出這番電視講話顯示了民進黨預料將在地方選舉中失敗。雖然陳水扁出來道歉了，也表示自己絕未涉案，同時民進黨也開除了陳哲男的黨籍，並且檢警也起訴了相關人士，但是這些一連串斷尾求生的消毒動作都不能解除民眾對政府貪污的疑慮。民進黨選舉的步調著實被弊案報導打亂了，整個黨團被媒體揭弊報導搞到手足無措、兵荒馬亂。

　　臺灣媒體對於弊案的一連串報導造成了民進黨整體士氣相當低迷，弊案爆發使得整體選舉大環境對民進黨的選情相當不利。因此民進黨參選人都極欲擺脫弊案的陰影。例如臺北縣民進黨的候選人羅文嘉立刻喊出了新民進黨運動的口號，試圖為自己在選前與貪污案劃清界線。無獨有偶，準備角逐2008年總統大選的民進黨熱門候選人包括蘇貞昌和呂秀蓮都表示要徹底清查高雄捷運弊案。高雄捷運弊案其實也直接打擊到前高雄市長、現任的「行政院長」謝長廷。民進黨另一位總統候選人的熱門人選蘇貞昌也為民進黨這次地方選舉的慘敗，辭去黨主席一職下臺負責。如此一來，民進黨的「四大天王」陳水扁、蘇貞昌、謝長廷和呂秀蓮，最後就只剩下了呂秀蓮還沒有受到嚴重的打擊，呂秀蓮也從不諱言要出來競選總統。從媒體爆料高雄捷運弊案到「三合一」地方選舉「綠地變藍天」的形勢看來，民進黨內部分裂已經浮出枱面。民進黨在地方敗選之後的當天晚上，蘇貞昌立即宣佈辭去黨主席一職表示負責。反觀掌握實權的陳水扁總統僅以新聞稿的方式對外表示對選舉的看法，而新聞稿的內容主要僅是感謝各

個候選人，卻未提到要為敗選負責的問題。「副總統」呂秀蓮也不願意出面說明敗選原由，她當然也不希望讓敗選的怒火燃燒到自己，顯示了陳水扁和呂秀蓮試圖與民進黨失去地方執政權的結果撇清關係。這次民進黨輸了地方選舉，嚴重暴露了民進黨內部陷入了分裂危機。從這次民進黨高層的舉動來看，民進黨「四大天王」之間對敗選「負責 V.S 逃避」的對比勢必引起黨內的結怨，民進黨高層之間的勾心鬥角勢必也會瓦解民進黨內部的團結氣氛。

清廉形象獲選民支持

事實上，媒體在臺灣選舉文化中扮演相當重要的政治溝通者的角色。例如媒體報導了馬英九在選前聲稱若席次未過半就要辭去黨主席職務的一席話，頓時興起了泛藍支持者搶救馬英九的行動，果然激起了泛藍民眾的投票率。馬英九個人魅力的明星效應被臺灣媒體解讀為國民黨獲得壓倒性勝利的關鍵因素，從選舉結果看來果然是達到了高度催票的動作。馬英九與陳水扁被臺灣人視為國民黨和民進黨的兩大政治明星代表。在這次地方選舉各大造勢晚會中都可看見這兩大政治明星的身影。這次陳哲男事件讓原本泛綠的支持者也對陳水扁的清廉畫上了問號，選舉結果顯示未來臺灣政治人物清廉的人格特質將是獲勝的重要因素。國民黨推出「反貪污、救臺灣」的宣傳口號，在選前最後一個超級星期天順勢舉行了一場「反貪污、救臺灣」的 10 萬人大遊行，加深了民眾對政府貪污腐敗的印象。

從這次民進黨在地方縣市長選舉中僅僅奪得六席的挫敗來看，將來臺灣選舉勝負的關鍵就在於候選人清廉的人格特質，看誰能夠真正達成民眾期盼和諧社會與改善生活的願望。

臺媒體選舉中地位提升[*]

　　臺灣在冷空氣來臨之前舉行了「三合一」的縣、市長和議員的選舉，結果是國民黨在選舉中大勝，民進黨在慘敗之後面臨相當殘酷的黨內鬥爭已成為必然的趨勢。這次選舉中國民黨的競選策略是非常值得討論的，儘管臺灣很多的媒體人都認為這次選舉民進黨失敗在自己的弊案和非道德的競選手段。馬英九在勝選記者會上也表示，國民黨不是打敗了民進黨，而是民進黨打敗了自己。選舉結果讓大家看到臺灣民意的走向，尤其在臺北縣、宜蘭縣、嘉義市，國民黨都得到執政權，其中宜蘭縣和嘉義市號稱是民進黨的「民主聖地」。這次選舉結果真正符合「民主聖地」的基本性質，民主真諦應該是「做得好繼續做，做不好換我做」。

泛藍整合定調

　　這次泛藍獲勝也為泛藍整合成功定了調。國民黨在馬英九本身清廉的帶領之下，親民黨與新黨也力主與國民黨之間要進行整合甚至是政黨合併，以期因應未來臺灣兩黨競爭的政治生態環境。相對於民進黨的內部分裂，泛藍陣營反倒是已經從分裂的陰霾中走向團結合作的道路上來。例如臺北縣長當選人周錫瑋就是今年5月從親民黨出來加入國民黨之後才參加臺北縣長的選舉，還有親民黨新聞發言人黃義交也到周錫瑋的造勢晚會上為他加油助選。這些都是泛藍政黨整合的具體行動。周錫瑋以98萬多張票拿下了民進黨執政16年的臺北縣，臺

---

[*]　本文發表於《大公報》2005 年 12 月 22 日。

北縣有 370 萬的人口，占全臺人口的六分之一，是臺灣最大的縣份與票倉，因此臺北縣的選舉被視為一級戰區，也被定調為明年臺北市長選舉和 2008 年總統大選的前哨戰。

筆者認為這些基本上都是事後的冠冕堂皇的話，而在這次選舉當中，馬英九所展現的依法辦事的作風倒值得提一提，因為這非常有可能就是未來馬英九在 2008 年大選中採用的策略。當無黨籍立法委員邱毅在 TVBS 電視臺提出陳水扁身邊的副秘書長陳哲男涉及高雄捷運弊案，在陳哲男否認之後，邱毅馬上在 TVBS 電視臺公佈了陳哲男到韓國賭場的照片。在整個事件中作為無黨籍立法委員邱毅如果是獨立完成對於弊案的跟蹤，困難度可想而知是非常大的，這其中一定有國民黨的參與，只是這次馬英九與連戰打弊案的作風是完全不一樣的。不同點在於，馬英九通過弊案的處理，依照臺灣法律將陳水扁的政治人格幾乎消滅，使得之後陳水扁在競選當中沒有任何的影響力。但在 2004 年的領導人選舉當中，國民黨同樣提出了類似的弊案，但總體的感覺是國民黨在打弊案的同時總是保留一手，似乎民進黨手中同樣握有自己的底牌，選民只是在兩個爛柿子中選擇一個，這才造成兩顆子彈成為選舉的關鍵因素。

「子彈事件」可能再出現

馬英九在臺灣政壇的發展基本沒有任何的弊案，這樣使得馬英九可以放手在弊案的問題上大做文章。但如果國民黨不能在弊案的問題上證明馬英九所宣稱的清廉改革，那麼在選舉的最後階段臺灣的本省情節一定會發酵，這是閩南人的根本特性。比如香港某電視臺的一位閩南地區來的主持人竟然宣稱選舉後南臺灣藍綠的格局沒有變化，事實上，在臺南縣藍綠候選人的得票差距僅為萬票左右。內地的閩南人的思路尚且如此，那麼臺灣本地的本省思想就可想而知了。試想，在

2008 年的選舉當中，如果出現馬英九強有力對手的話，綠軍類似兩顆子彈的事件有可能再次出現。

監督機制將建立

在 2000 年陳水扁當選為領導人之後，臺灣出現了非常怪異的現象，就是臺灣的領導人對於地方的百里侯和市長們的管理基本上是一種相互依靠的鬆散關係，雙方以政府的資源和地方上的選票經營為相互聯繫的紐帶。正是由於這種原因，臺灣在 2000 年後在整體的大型建設專案基本上處於停滯狀態，現在臺灣唯一的大型建設項目臺北到高雄的高速鐵路，也是被國民黨稱為掏空政府資產的專案，在很多的節目當中，臺灣媒體人認為當 2006 年高鐵通車時，其中的百億臺幣的預算赤字會馬上顯現出來。

這樣在黨無法有效控制地方的時候，臺灣原有的整個政府制約的體制已經失效。這次圍繞在陳水扁周圍的弊案就基本表明陳水扁本人對於臺灣原有的體制並不相信，而是採用任用身邊的人去管理出現的問題，這在臺灣經過長時間的法制建設之後的一個重大的倒退。這與當年的葉利欽有著非常驚人的相似之處，當年 1991 年 12 月 25 日葉利欽儘管已經成為核大國的最高領導人時，他都不願意去會見戈巴契夫，並順便親手接過最高領導人的標誌「核手提箱」。在 1993 年時，當時任總統法律問題的助理巴圖林就曾建議葉利欽去視察俄羅斯的戰略火箭部隊、軍事宇航部隊和莫斯科附近的反導彈防禦部隊。但葉利欽則聲稱自己擁有絕對完全的資訊，他認為自己沒有去視察這些部隊的必要。也許他知道俄羅斯武裝部隊力量處境淒涼、軍隊對國家的欠債、指揮人員情緒低落，故他乾脆拖延對這一大堆錯綜複雜的問題直接接觸的時間。應該來講，葉利欽由於不能夠直接有效地提升國家安全部門，而使得相關聯的重要部門如軍隊、媒體等敏感部門的控制都出現問題。可以看出，葉利欽對於前蘇聯的體制並不是進行改革，

而是完全拒絕，自建一套，但自己建立體制的方法是依靠自己周邊的人，這樣不但國家不能夠有效的進行改革，自己周邊的人在缺乏有效的監督的情況之下，腐敗成為必然。當年在葉利欽周邊就已倒下一大批行政官員，現在陳水扁又全面重蹈覆轍。

如何管理地方上的這些百里侯基本上已經成為擺在馬英九面前的頭等大事。在選舉前，馬英九宣誓會派遣監督團到國民黨候選人當選的縣市進行就地監督，這種監督基本上是黨內自行監督，還沒有體制化。如果馬英九當選臺灣領導人的話，政府對於地方的監督一定會逐步恢復，但這是建立在馬英九絕對的清廉基礎之上，對於臺灣而言是非常驚險的，但卻是無奈的選擇。

媒體轉型關注公共議題

這次選舉顯示媒體的地位有提高的趨勢。媒體由社會煽動者逐漸轉型成為政府監督者。未來臺灣媒體除了要繼續監督政府行為與揭露政府弊案之外，應該還要扮演人民與政治人物之間的政治溝通者角色，確實善盡提供公共空間的責任。媒體應該多多設定民生與社會關注的公共議題，進行多方面與多層次的討論。唯有如此，才能促進社會各個團體之間的溝通對話，讓政治人物制定出符合公理與正義的政策，這樣人民的生活才能獲得實質的保障和改善。未來媒體的任務是任重而道遠。從這次民進黨在地方縣市長選舉中僅僅奪得六席的挫敗來看，將來臺灣選舉勝負的關鍵就在於候選人的人格特質，看誰能夠真正達成民眾期盼和諧社會與改善生活的願望成為選舉勝敗的關鍵。

臺媒體人為黨派說好話[*]

　　臺灣的媒體人確有越來越世俗化的傾向，在表達自己的政治觀點時，往往會說目的只是為了多拿一些車馬費。另外一個現象，就是部分媒體人接受來自不同黨派的資金，定期為特定的黨派說好話。

　　臺灣媒體在經過十幾年的發展後，今天在黨派的協調之下開始逐漸消除新聞局的影響力，NCC（國家通訊委員會全稱）將接管臺灣未來廣播電視的管理工作。NCC 運作的特點在於 NCC 的組成是以黨派在立法院確認組織的組成結構。臺灣廣電在發展過程中始終充滿了方向上的矛盾，矛盾點表現在臺灣媒體管理者、學者和運營商之間對未來媒體的發展模式上。臺灣學者希望廣電應該更多的發展公共電視，至少應該像英國一樣公視化，這樣媒體就可以在臺灣眾多的選舉當中既能夠監督政府和在野黨的運作，又可以提高媒體人本身的地位。政府則更希望媒體能夠多為政策護航。媒體運營商希望媒體能夠保持商業化特色，使得媒體成為自主經營實體的典範。另外，記者更希望媒體能夠時常保持中立，這樣會加快臺灣形成公民社會的速度。

廣電公視化難行

　　媒體學者的良好願望在陳水扁 2000 年擔任領導人之後被偷換了概念。這裡有兩個重點，一個是廣電公視化的目的是為了什麼？另一個就是臺灣公民社會的主體價值觀是什麼？按照陳水扁的規劃，臺灣廣電公視化的最終目的在於國民黨或者是泛藍的電視名嘴們可以退

---

[*]　本文發表於《大公報》2006 年 2 月 6 日。

出廣電的運營和節目。這樣的行為就和當初英國公視化的最終目的相違背，英國 BBC 在公視化的運行當中最重要的政策就是，政府替 BBC 徵收電視的使用費，但 BBC 的運作卻是始終掌握在專業媒體人手中。這樣媒體整體的發展方向基本上都是由英國媒體人來決定，這也造成幾年前美國軍隊開始轟炸南斯拉夫的塞爾維亞時，英國政府絕對站在美國一邊，但 BBC 從人文主義角度出發則站到了南斯拉夫人民的一邊。有人曾戲稱 BBC 中的第一個字母其實不是出自英國這個單詞，而是出自貝爾格勒的第一個字母。這樣的公視化結果會使職業媒體人成為近似政治人物的素養一樣，有著為事業而奮鬥的志向。現在臺灣的媒體人確有越來越世俗化的傾向，很多在叩應節目的媒體人在表達自己的政治觀點時，往往會說自己表達觀點的目的只是為了多拿一些車馬費，這些車馬費大約為 5000 元新臺幣（合 1100 港幣）。另外在臺灣叩應節目的發展過程中還造就出另外一個現象，就是部分媒體人還接受來自不同黨派的資金支持，定期為特定的黨派說好話。這樣臺灣部分的媒體人的操守就成為問題，如果把臺灣媒體未來的發展寄託給這些媒體人的話就成問題了。

廣東省機關報《南方日報》對於胡錦濤講話的報導。

廣電發展需再確認方向

　　臺灣媒體的發展如果依靠媒體學者是否可行呢？現在由於臺灣學者做研究很多時都是保持獨立的，但問題就在於臺灣媒體學者在近十年來放棄了當年媒體研究元老王洪鈞及李瞻的研究方法，改為使用過多的 SPSS 的資料研究。這些資料所顯示的，在美國、香港、大陸的很多學者眼中往往是非常顯而易見的：對於臺灣未來媒體的發展沒有太多的建樹。在這裡我引用一位非常資深的美國學者的話來形容一下：臺灣學者的傳媒研究就像使用大量的現代化建築工具和措施，最後擺在我們面前的感覺卻是一個工棚。非常遺憾！這使得這些研究不但不被很多有線電視運營商所喜歡，而且臺灣政府對這些研究的實際應用性也不以為然。

　　臺灣廣播電視運營商在發展過程中同樣面臨非常大的問題。問題在於當臺灣經濟在經過 30 年的爬坡發展之後，面臨永續發展得保持自身優勢的另外一個階段。但現在臺灣與祖國大陸無法三通的情況之下，臺灣經濟在東亞和東南亞的運行模式受到巨大的挑戰，在這些挑戰之下，臺灣電視媒體的發展被局限在收視率的迷思上。如果一個電視臺長期收視率低迷的話，那麼，再多的新聞自由也無法挽救該電視臺，這使得臺灣電視臺把注意力都集中在收視率上，收視率成為衡量對錯的標準，電視新聞變得「腥、煽、色」成為必然。

　　在 2010 年之前臺灣電視的發展方向主要會有三個：一是電視的全面商業化。這是有線電視運營商非常喜歡的方向，因為這些運營商已經在按照收視率決定一切的商業化模式上運營長達 13 年之久，但其代價就是公共電視關閉或者真正成為政府的喉舌，政府可以直接介入公共電視的發展，使公共電視臺直接成為政府的工具，而不需要有任何遮掩的地方。另外一種是廣電的公視化，這樣就直接把現在臺灣的有線電視臺和廣播電臺直接劃入公共電視臺的領導範圍，在

廣電的管理領域建立統一的標準，對於充斥於電視新聞中的大量「腥、煽、色」新聞進行清除。但這樣做的唯一條件是臺灣的行政單位是否有足夠的民意支持度，使得大眾相信行政單位這樣做不是為了擴充自己的實力，而僅僅是為了建立一個有效管理的秩序。最後就是保持現有的狀態，民眾仍然需要忍受電視新聞所帶來的社會亂象，以及政治人物借助媒體攪亂本來平靜的秩序。這裡需要強調兩點，就是在無法完成商業化和公視化的前提之下，臺灣行政單位對於 TVBS 的打壓和對於公共電視臺的過度討論、強調是媒體無法正常發展的根源。

太重收視率沒意義

媒體是否是維持政府形象的工具，還是財團賺錢的工具，或者是在新聞自由基礎之上發展出自己的特色，成為獨立的第四權，這些應該是臺灣媒體人首先要確認的問題。這也許要媒體人展開大量的討論。現在問題解決的主要障礙在於臺灣領導人陳水扁，當整體世界文明進入後現代主義的時期，陳水扁在政治上的作為是利用專業人士的求完美的個性，利用法律上的空洞，為每一個有影響力的人士編織自己的幻想，最後這些人都認識到這只是一場夢而已。

NCC 的成立應該準確地說不是廣電的發展方向正式的確認，而是臺灣媒體發展的開始。NCC 現在就應該開始用專業的眼光為臺灣媒體的未來發展確認方向，臺灣需要對於未來的發展方向進行研究，儘管這樣的討論在所謂的新聞民主化的對比之下顯得有些過時，但總比圍繞在收視率或者民調上的新聞研究有意義。

圖為浙江省文化藝術交流促進會常務副會長齊有為在此間舉行的記者會上表示，希望通過本次文化節，呈現浙江藝術的傳統和新作，增進臺灣民眾對浙江的瞭解，也作為浙江人民贈送給臺灣人民的新年賀禮。匯集了舞劇、畫展和攝影展的的二〇〇八臺灣．浙江文化節將於十二月三十一日起至明年二月在臺灣舉辦，並以大型原創舞劇《李叔同——弘一法師傳奇》在桃園的首演拉開序幕。（圖片來源：中新社、中新網）

美對臺改弦更張了嗎？ [*]

「終統」和馬英九現象對於民進黨而言是重大的災難，但未來無論是馬英九還是其它的民進黨候選人當選臺灣的領導人，這都符合美國的戰略目標，在美國圍堵大陸的戰略中，臺灣是第一道防線。

2006 年 3 月，馬英九現象開始席捲兩岸三地和美國。民進黨對於馬英九訪美採用前所未有的高度戒備措施，臺灣當局不僅對於駐美的代表要求隨時掌握馬英九在美的言行，而且還要求民進黨團和黨中央靈活和迅速回應馬英九在美國提出的任何問題。難道是馬英九在美國收到接待的規格是那麼的高嗎？臺灣民進黨正義連線立委黃偉哲在接受《聯合報》的採訪中提到，馬英九在美國受到接待的規格並不算高，如果民進黨到了這種時候還只會對自己做有利的解釋，吹哨子壯膽，不思反省，設法止跌，那民進黨就真的沒有救了。儘管我們非常樂意看到代表兩岸緩和的力量——馬英九先生，已經在這場兩黨的較量當中取得了優勢的地位，但這是否意味著在未來的時間內，即使馬英九當選臺灣地區的領導之後，兩岸就會向緩和的方向轉變呢？在這裡我們應當注意兩個問題，一是陳水扁在今年年初提出的終統論是否美國當局知道；另外一個就是，民進黨的「臺獨」理論是否已經走到盡頭。

---

[*] 本文發表於《大公報》2006 年 4 月 5 日。

12 月 29 日下午 2 時，臺北地方法院召開羈押庭，就是否收押陳水扁做出裁決。圖為今天下午 1 時 54 分許，陳水扁抵達臺北地方法院。12 月 28 日，臺灣「高等法院」就「高檢署」特偵組二次抗告，聲請羈押臺灣前領導人陳水扁裁定由臺北地方法院更裁。（圖片來源：中新社、中新網）

兩岸緩和是未來主流

　　日前美國的中國問題專家陸伯杉（Robert Ross）就在學術文章中提出，主客觀條件已使「臺獨」運動趨於式微，從某種程度上看，「臺獨」問題的確被民進黨一幫人給玩壞了，陳水扁的莽撞行動已經引起兩岸局勢變得日趨緊張，六年來沒有任何的政績同樣使得臺灣北部地方的百姓大吃苦頭。在年初是否陳水扁為了拉抬自己的聲勢，竟然違背當選宣言「四不一沒有」的承諾，停止了臺灣統一委員會的運作，在當時大陸方面表示了抗議，美國方面則是側重於陳水扁在文件中的英文用詞。但隨後華盛頓參議院軍事委員會沃納則提出，如果臺灣民選官員用不適當和錯誤的政治手段引起兩岸衝突，屆時美國的援助也許會成為問題，華盛頓一直在注意臺灣是否在做改變現狀的行動，現在改變現狀人似乎一直都是陳水扁。

　　在這裡美國和臺灣的互動是我們關注的焦點，試想陳水扁的「終統」行為是否美國知曉，如果美國知曉陳水扁的行動的話，這又意味著什麼？以陳水扁在 319 槍擊事件過後，美國方面洩露的文件顯示，美國對此次事件是基本知情的，同樣，這次陳水扁的莽撞行為美國應

該是知情，但為何美國方面明知「終統」對於美國並沒有明顯的好處，還不在事發之前及時制止陳水扁呢？

如果結合前面陸伯杉的言論來看，美國方面應該認為在 2008 年之後，無論是民進黨方面還是國民黨方面的候選人當選成為臺灣地區的領導人的話，兩岸主流的發展應該是逐漸進入和緩的狀態，不然臺灣在與大陸緊張對抗的幾年間，無論其手中的經濟牌還是民主牌，都已經喪失殆盡，民主牌現在還剩下民粹牌，而手中的經濟牌則變得日趨與大陸的經濟緊密結合。

臺灣需要在 2008 年後再次進入經濟正常發展的軌道，這是臺灣民眾現在的普遍心態，那麼，陳水扁在還剩下兩年的任期，加劇與大陸的對抗，不但會使其在卸任之後成為「臺獨」的實質領袖，而且還會在美國圍堵大陸的政策當中發揮一定的角色，屆時陳水扁會像李登輝一樣在退休之後還左右臺灣政治的發展。總體而言，這是陳水扁玩死民進黨，成就自己，與當初李登輝玩死國民黨，成就自己成為「臺獨」教父如出一轍。

中國旅美畫家李自健的油畫──《南京大屠殺》。這是一幅讓所有中國人永遠過目不忘的油畫，它展現了 1937 年日軍在南京屠城的暴行。整幅油畫由「屠」、「生」、「佛」三聯組成，寬 3.2 米、高 2.1 米，畫面主體是堆積成山的屍體。左側為「屠」：兩個趾高氣揚的日本軍官站立著，其中一個正獰笑著擦拭沾滿鮮血的戰刀。中間一聯為「生」：在屍山的上面，一個孩子正趴在裸露著胸膛慘死了的母親身上哭喊著。右側一聯為「佛」：一位佛家弟子正拖起一位慘死的老人。整座屍山的後面是奔流滾滾的長江。

中國文化可化解美戰略

很多媒體在新聞報導中都提出，民進黨提出的「終統論」讓它失去美國的信賴，在剛出爐的對於向大陸投資的臺灣企業「積極管理」的政策讓它失去精英與企業的支持。這些在表面上看有一定的道理，但這並不符合美國在對外交往的政策。

據筆者的長期觀察，美國的外交政策常常是兩方面同時交往，並在關鍵時刻採取以美國的國家戰略利益為最高取向的政策，儘管這樣的政策給美國帶來一些麻煩，這些麻煩是很多的美國外交官一時無法解決的。比如在蘇聯解體前夕，爆發的819政變，現在俄羅斯很多的學者認為那是戈巴契夫自導自演的政治鬧劇。當時戈巴契夫認為這場政變無論是勝利還是失敗，自己都是受益者，如果政變勝利的話，戈巴契夫還是蘇共的總書記，參與政變這些人並沒有一個聲望很高的領導，最終戈巴契夫還是國家領導人，但最大的效果是全面打擊已經做大的葉利欽；如果政變失敗的話，自己就會以勝利者的姿態回到莫斯科，鞏固領導核心，防止國家走向分裂。但在戈巴契夫如意算盤中，他認為美國一定會站在自己一方，因為如果蘇聯失去控制，蘇聯的核武器流散，美國將會處於更加危險的境地，但在意識形態的對抗當中，美國選擇了支持葉利欽，並讓葉利欽聯合烏克蘭總統庫奇馬。在新成立的獨聯體當中，兩人合作防止核擴散。這些是在俄羅斯學者中非常流行的一種看法，因為這樣就可以解釋為何葉利欽一定要挑選普京作為自己的接班人，並希望在自己的有生之年不要面對1991年的那段歷史。

民進黨臨重大災難

蘇聯解體符合美國的國家長期戰略意義，儘管這同樣為美國的外交人士提出了空前的挑戰，美國人在處理過程中也出現了錯誤，但美國在立場正確的前提下，解決問題的思想就相對統一。

　　「終統」和馬英九現象對於民進黨而言是重大的災難，但這確使陳水扁向自己「臺獨」教父的目標邁進了一大步，因為未來無論是馬英九還是其它的民進黨候選人當選臺灣的領導人，這都符合美國的戰略目標，這樣在美國圍堵大陸的戰略中，臺灣是第一道防線，日本是代表比較緩和的第二道防線，可惜的是臺灣在未來只能在一個小範圍內運作，臺灣沒有與大陸交往的主動權。但如果臺灣在未來的時間內儘量恢復中華文化，臺灣人不再只是關心身邊的瑣事，把中華文化中戰略格局帶入政治，這樣也許能夠擺脫美國帶來的戰略陷阱，使中華文明在和平的環境中提升。

12 月 30 日下午，臺灣藝人在成都萬達廣場表演有名的布袋戲，大多數成都市民首次觀看布袋戲，連連拍手叫好。（圖片來源：中新社、中新網）

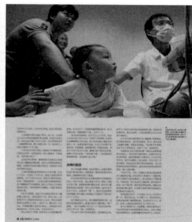

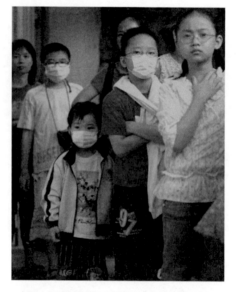

中國大陸媒體對於三聚氰胺的報導相當準確。

臺電視發展惡質化嚴重[*]

民進黨執政後，臺灣政治進入政黨惡鬥，電視新聞主要以政黨惡鬥、火災、刑事案件、消費陷阱等政治和社會新聞為主。「腥羶色」新聞背後所代表的收視率並不反映受眾認可新聞後面的廣告；發展道路的共同特色就是都需要大量的風險資金的投入，使得電視的周邊產品開發面臨困境。

據《華爾街日報》報導，美國私募基金巨頭凱雷集團將斥資約 13 億美元，收購中國臺灣最大有線電視運營商東森媒體

財團法人臺灣媒體觀察教育基金會與全世界關機學習運動同步，2007 年 4 月最後一週 4 月 24 日至 30 日，全國將有包含各鄉鎮圖書館生活學習中心、社區大學、地方文化館、文化圖書公司等 215 個組織，辦理各式各樣的學習活動，以關掉電視機的具體行動，強化「從生活中學習，從學習中實踐」的「生活學習運動」。

公司（Eastern Multimedia Co.）多數股權，如果交易最後達成，這將成為不包括日本在內的亞洲最大私人股權收購交易。在這個報導當中我們注意到有兩個主體關鍵字，一個是凱雷集團，這是一個非常有名的風險投資公司；另一個是東森媒體公司，臺灣有線電視發展的領軍集團。兩者的結合使臺灣的電視數位化發展方向再次展現在我們面前，到底臺灣電視數位化的現狀如何？未來又如何發展呢？

---

[*]　本文發表於《大公報》2006 年 5 月 3 日。

「腥羶色」新聞氾濫

臺灣電視的發展在 1992 年之前主要有 3 個無線電視臺，分別為：「中國電視臺」（簡稱「中視」）、臺灣電視臺（簡稱臺視）和中華電視臺（簡稱華視），1992 年之後臺灣的有線電視進入空前的發展階段，這主要是得益於臺灣在經濟發展之後，民眾對於多元文化大量需求。但在大臺北地區的群眾文化比較不普及，比如音樂、話劇等，一場音樂會的票價普遍在 200～600 人民幣之間，這些娛樂形式都被定位為高消費文化；同樣在臺中和高

臺灣學者在年輕人中展開普及新聞傳播教育

雄地區，群眾文化也不普及。這樣電視就成為大眾普遍採用的廉價娛樂方式，因而臺灣有線電視信號的系統業者就順勢發展起來。

在臺灣有線電視的十年間的快速發展之後，臺灣有線電視業者再次面臨發展中的瓶頸。因為有線電視業者已經把電視發展的存在的和潛在的利益開發殆盡。有線電視臺利潤的主要來源是廣告和信號傳輸費，但民進黨執政後，臺灣政治進入政黨惡鬥，電視新聞主要以政黨惡鬥、火災、刑事案件、消費陷阱等政治和社會新聞為主。比如有一家有線電視新聞臺當天收視率最高的新聞竟然是教導消費者如何購買一個高檔的手提包。

新聞資源遭嚴重浪費如果臺灣當天出現部門領導之間吵架的話，該天的新聞就會 24 小時重複播出，可以說這是新聞資源的嚴重浪費。電視發展惡質化的現象在民進黨執政後變得越演越烈，儘管臺灣大量媒體人和新聞研究學者對此經常提出強烈的批評，但臺灣私有

的有線電視業者卻在收視率為發展前提條件之下，向惡質新聞低頭，臺灣的很多受眾對於這些糟糕的新聞儘管非常反感，但也是無奈的選擇，這樣大量的「腥羶色」新聞在臺灣有線電視開始氾濫，但廣告商卻並沒有增加對於電視臺的廣告投入，因為這些「腥羶色」新聞背後所代表的收視率並不反映受眾認可新聞後面的廣告，這樣受眾在商業購買中真正的購買力也很難通過電視來體現。電視臺中主要的廣告多為中低價位的汽車（這些廣告主要以公佈購買汽車的無息貸款或者汽車大降價的資訊為主）、飲料、藥、房地產，為提升企業形象而播出的企業廣告幾乎沒有。不良的連鎖反映最終的後果是：有線電視臺用於今後長期發展的資金準備不足，比如現今臺灣電視媒體主要有三條發展的道路可供選擇，一是發展數位電視，二是發展 IP 電視（網路寬頻電視），三是全面發展衛星信號為中心的廣播、電視系統。

臺灣知名媒體人何榮幸先生對於媒體的另類思考

財團法人臺灣媒體觀察教育基金會針對臺灣媒體高度密集，羶腥色的社會新聞及八卦小道的政治報導充斥，對性別的解讀充滿歧視與刻板印象，相對的缺乏對國內公共事務的關注及放眼國際的視野，舉辦專場座談。

　　這些發展道路的共同特色就是都需要大量的風險資金的投入，這對於私有化的臺灣有線電視業者來講是非常不可能的資金要求。現在有線電視業者希望建立以衛星系統為中心的數位系統，因為現在有線電視業者大多採用的就是衛星傳輸，但這對於臺灣長遠發展而言，圍繞衛星系統的數位化，就會使得電視的周邊產品開發面臨困境。如果開發頻寬為 6～8 兆的寬頻 IP 電視，儘管 IP 電視的前期投資很多，但圍繞 IP 電視的周邊產品可以得到完全的開發，甚至可以使臺灣進入全球寬頻的領軍地區。但臺灣的問題是不能夠馬上建設起現代的寬頻設備，這一點上臺灣與香港不同。香港地方非常小，寫字樓非常高，使得樓之間的物理距離非常小，這樣香港的頻寬達到 6～8 兆並不是難事，香港盈科公司的部分業務開始轉向發展 IP 電視，盈科在發展 IP 電視的同時開始獲得了大量的節目內容，現在香港 NOW 的系列電視臺開始逐漸成為香港重要的電視臺。這個新生的電視臺正展現旺盛生命力，以開拓全體國民的新視野及成為國內媒體的一股清流為指標。

當時的行政院長孫運璿先生提出，公共電視臺的主張。他說，今天不做，明天會後悔。歷經十八年積極不懈的努力，在起跑線等候已久的公共電視，終於鳴槍疾馳，正式開播！

　　以現在臺灣有線電視業者擁有的實力，選擇其中任何一條道路都是非常勉強的，而且臺灣當局直到現在為止還在重點發展無線電視臺的數位化，有線電視的數位化發展並沒有得到有效的重視。

有線電視需要資金

　　臺灣東森媒體之所以成為外資爭相角逐收購的對象，主要是因為投資公司盯上了有線電視在最近幾年一定面臨全面數位化的這一市場大蛋糕。目前臺灣的電視業正由模擬電視向數位電視轉移，同時，臺灣的有線電視市場在亞洲排第三位，而東森媒體又佔據了臺灣四分之一的有線電視市場。東森媒體的競購案例也反映出隨著美國和歐洲境內的企業私有化競爭日趨激烈，眾多私人股權公司開始將目光投向亞洲市場。此前，數家金融和媒體行業集團紛紛加入了該項競購戰中，其中包括由競爭對手私人股權投資公司新橋資本（Newbridge Capital LLC）與 Liberty Media 的全球子公司 Liberty Global 組成的財團。

　　現在臺灣電視數位化基本上都採用歐規，歐規（DVB-T）傳輸系統主要有以下幾種特色：可以行動接收；可建立單頻網路（SFN），解決收視不良地區，改善轉播站之頻譜分配，室內接收能力較佳。以前電波碰到牆壁會反射，且會產生許多干擾波，對主要訊號造成干擾，以致無法收看，在歐規系統，干擾波可當主訊號使用，甚至有加分效果，將來在室內只要加裝天線即可接收。臺灣有線電視蓬勃發展的原因在於一般觀眾只會接收老三臺，而不知如何接收公視、民視；公寓天線老舊沒有更新，加上大樓阻擋，及原有社區天線的被破壞，因此無線數位電視推出的理念著重在容易接收；抗多路徑（Multipath）干擾能力強，也就是來自四面八方的訊號，透過偵測，只要在可允許範圍內，干擾源皆可當做接收的訊號；與衛星、有線系統相容性佳；發射與接收端各種相關配套系統完備，產品技術穩定成熟；除美國、加拿大、韓國外，採用國家占絕對多數。

　　臺灣電視數位化採用歐規是一種妥協的表現，這即照顧到了無線電視的發展，又可以兼顧有線電視臺的狀況。但問題是這樣就造成臺灣在數位化過程當中，對於數位化周邊產品的開發不足，最後這些不利因素還是會影響到電視的內容改善。

扁借「迷航」改變困境[*]

　　5 月 4 日，臺灣領導人陳水扁又開始其任上的第十次出訪。飛機在北京時間 8 點 30 分起飛，並在下午 5 點 50 分降落在阿聯酋，但直到隨行的記者上了飛機之後，媒體還不知道他到底要到哪裡訪問。據 TVBS 新聞記者報導，當時有的記者甚至拿出指南針來判斷到底這架飛機飛行的方向是哪裡？難道陳水扁是真的迷航了嗎？

陳水扁 9 月 3 日搭乘臺灣的空軍一號飛機出訪南太平洋，離島時由臺空軍 4 架 F16 戰機護航；隨後不久，島內某網路部落格即出現了多張 F16 戰機護航的照片及諷扁文字。

陳水扁不在乎媒體

　　TVBS 記者史哲維在報導中指出，美國方面在陳水扁出訪前就舉行記者招待會，並在記者招待會上宣佈陳水扁這次「旅行」將不會經過美國的任何一個地方，這是陳水扁自己決定的，因為美方認為這是一次私人的決定，陳水扁有自己決定的自由。在記者會上，美方新聞

[*]　本文發表於《大公報》2006 年 5 月 11 日。

發言人在稱呼陳水扁本人時，使用了十次「他」。臺灣大學教授陳永明就直截了當地闡明，這次出訪活動是不及格的。從正反兩面來講，如果這次陳水扁能夠與美國爭取到紐約「過境」的話，這可以使陳水扁本人擺脫現在所面臨的跛腳困境，可以使臺灣民眾暫時忘記他夫人吳淑珍所涉及的弊案，以及其屬下馬永成的 SOGO 案件的調查。但從事件的發展上看，陳水扁對於美國的強硬只持續了 24 小時，還在去烏拉圭的路上，臺灣「外交部」的官員黃志芳就宣佈出訪回程「過境」美國阿拉斯加是唯一的選擇。

　　現在看來陳水扁這次出訪的實質問題是希望借助外面複雜情況來改變自己所面臨的困境。這次美國總統布希親自決定陳水扁出行停靠的城市，使得陳水扁思維並沒有完全得到美國的配合，這是陳水扁沒有料想到的。在這裡我們應該注意兩個問題：一是陳水扁是否真的跛腳。另外，臺灣媒體連續幾天的報導都把他本人定位為沒有能力，幾乎是昏庸的領導人，但這是否對於陳水扁有真正的觸動呢？

馬英九回應低調

　　這時，有兩個現象值得注意：一是國民黨主席馬英九此時在回應任何問題時都十分低調，不對陳水扁做任何的人身攻擊；另一個就是臺灣內部的本土立委和媒體人都一致認為陳水扁在權力上是有些跛腳，但在民意上就並非如此，只要國民黨或者大陸的任何一方對於陳水扁有任何大的打壓活動的話，陳水扁就會馬上喚回全部的泛綠和部分中間選票。陳水扁現在的任何行動都是希望自己能夠成為本土選民的精神教父，以取代李登輝的地位，這樣可以避免陳水扁在 2008 年無論是泛藍還是泛綠的候選人當選後，自己不被清算，這樣現在看來陳水扁對於媒體的任何報導應該是非常不在意的。這樣就可以理解，為何臺灣媒體發展遇到前所未有的危機，以臺灣的自由度來講這是不應該遇到的問題，這是因為陳水扁已經不需要媒體了。

自 2004 年胡錦濤任總書記以來，大陸對臺的整體思維開始改變。2005 年連戰率國民黨代表團展開破冰之旅，隨後親民黨主席宋楚瑜也率團來訪，兩岸整體的形式有一種春暖花開的感覺，這使得大陸在統戰工作向前邁進了一大步。但現實是我們對於臺灣人的思維還是不能夠很深入的瞭解。比如，李敖和李遠哲這兩個人的思維有的時候就很難理解。李敖在大陸行中就有復旦大學社會學系教授胡守鈞提問李敖，為何自認為自己是白話文以來中國寫作第一人，這個結論怎麼得出來的？當時李敖解釋為：因為自己在陳述一個荒謬，拉丁文有一句諺語，因為它荒謬所以自己才相信。這件事情很荒謬，所以我深信不疑。當時筆者對這樣的解釋十分不解，等到過了很長時間，才體會到，李敖原來是想陳述，大陸把魯迅的文章提到全國每一位學生必看的地位，也就是全國第一位，是非常沒有意義的，文學本身不需要排名，但這位出生在哈爾濱的李敖竟然把這件事情說的如此讓人不明白。看來兩岸在溝通上，儘管同文同種，但思維方式還是非常迥異的。

對臺要兩手抓

另外一個就是臺灣中研院長李遠哲，李遠哲在政治上的作為和思想也是筆者很難理解的，其演講常常讓人很不喜歡聽。但筆者認為李遠哲畢竟還代表了臺灣本土精英對於政治的基本認識，儘管偏差比較大，但還是有啟發的。

李遠哲在接受新加坡《聯合早報》的採訪中就提到：中國大陸最近常說要努力做對臺灣人民好的事，希望兩岸人民能走在一起，這是很好的改變。但是大陸如果要對臺灣人民好的話，不能在如今分裂的臺灣，只抓住其中一邊，這樣另一邊一定跑得更遠，臺灣分裂一定更深，這樣只會得到反效果。「統獨」的背後，並非外省人和本省人之間族群的摩擦，而是從前壓迫和被壓迫的關係，還一直存在著。

考慮接觸兩黨精英

李遠哲在這段談話中儘管體現了有很多美國思維，但李遠哲指出如果大陸採用兩手策略，與民進黨精英開始接觸，這對於統戰工作是非常有利的。但如果與有「臺獨」黨綱的民進黨精英接觸，其難度也可想而知，畢竟這些臺灣閩南人的個性對於我們的官員還是非常陌生的，這些本土精英思想特殊性就在於他們頭腦中的思維模式是本土和美國相結合的。從統戰的效果上來講，如果兩岸要統一的話，就要統一臺灣本土選民，無疑這些人的代表之一就是這些本土精英。現

《羊城晚報》對於胡錦濤講話的報導。

在美國的對臺政策就是不但拉住馬英九，而且還控制住民進黨，控制陳水扁，這樣美國的對臺政策便很少出現錯誤和誤判。中國作為國力正在上升的強國，我們應該有能力使用現在的優勢與臺灣各方面的精英展開對話，儘管這樣的場面控制性比較難，這就像當時美國在面臨蘇聯解體問題時，美國當時可以選擇支持戈巴契夫，保留蘇聯，維持世界局勢的穩定，但最後美國外交人員選擇支持葉利欽，讓蘇聯解體，儘管現在美國外交人員還在處理世界局勢不穩定的問題，但蘇聯解體是維護了美國國家利益，自然為了中國統一我們的外交人員也應該全面接觸臺灣兩黨的精英。

臺灣亂局中的美國因素[*]

　　6 月 11 日，臺灣泛藍陣營再次到凱達格蘭大道舉行全民嗆扁大會，呼籲總統陳水扁應自動下臺。泛藍始終希望陳水扁能夠自動辭職下臺，這樣臺灣可以以最低的社會成本完成民主的轉型。但在臺灣遇到連日的暴雨之後，陳水扁開始視察雲林地區，並沒有理會泛藍的壓力。這一切都使人們感到撲朔迷離。

經濟衰退影響策略

　　如果在這些看似死結的權力鬥爭中找到其中一個結點進行分析的話，也許我們能夠找到其中真正問題所在，這個結點就是美國因素。美國是如何看待發生在臺灣的事件呢？這就要追溯到美國是如何看待臺灣近六年的經濟衰退，也許就明白臺灣的局勢發展了。

臺灣經濟權威雜誌《天下》。　　　　　《天下》雜誌的網站。

---

[*]　本文發表於《大公報》2006 年 6 月 22 日。

　　2002 年臺灣《天下》雜誌邀請美國著名經濟學者邁克波特的演講。邁克波特指出，自陳水扁當政之後，臺灣所面臨的經濟困境是美國政府每十年都要面對的問題。臺灣的商人不能指望在這段時間內政府大量減少稅務上的徵收，並希望政府傾注大部分的預算在 IT、晶元等高科技產品的開發上。如果這樣的話，這將會使臺灣成為第二個日本。日本在過去經濟發展中，整個經濟模式都是依靠電子產品的開發與出口，但日本在物流、倉儲、零售等基礎專案的開發上缺乏創新，這樣日本國民整體的生活成本非常之高。邁克波特建議臺灣政府應該大力發展基礎建設以及提高政府的效率等軟環境。這些建議看來了無新意。但邁克波特整個的言論基本上都代表美國利益，試想日本能夠像美國一樣把石油這樣必備原料炒到 70 多美元嗎？日本能夠像美國沃爾瑪一樣把零售搞到全球採購嗎？日本不能夠，臺灣自然也不可能。美國這樣的創新模式先在只有中國和俄羅斯能夠做到，因為這兩個國家的內需市場和原材料供給非常龐大，這些連英法德三國都無法做到。

　　邁克波特的演講有兩點非常值得關注。一是美國如何看待臺灣自 2000 年所遇到的前所未有的經濟困境；另外美國在兩岸問題上是否採用政經分離的策略，兩手策略之間的配合程度是如何進展的。邁克波特認為臺灣如果作為一個「國家」的話就必須面對這樣的經濟困境。美國在臺的戰略政策是：過去臺灣經濟在經過 30 年的高速發展之後，美國認為臺灣的民主化進程可以完全影響大陸的政治體制改革。但大陸同樣經歷了 20 年的高速發展和大量臺商在大陸設廠之後，美國這樣的初衷越來越難以實現。那麼，美國退而求其次，臺灣是否有「獨立」的本錢呢？從現在看來臺灣這樣的本錢還不多，至少在泛藍陣營中還有新黨和親民黨以及連戰是不主張「臺獨」的。

兩岸經濟互融性強

在這裡我們再做一個設想，臺灣在 2000 年之後陷入經濟困境，美國做為臺灣的盟友，此時美國應該伸出援手支持臺灣的經濟復甦，但直到 2006 年臺灣經濟還沒有明顯的復蘇跡象，看來美國並沒有盡其盟友能力支持臺灣。這裡一個主要的問題就在於，臺灣企業大部分外移到大陸之後，臺灣經濟發展的側重點已經轉移到大陸。對於這一點，臺灣老經濟學者丘永漢就在《財訊》的專欄「丘永漢專欄」中指出：借鏡香港，積極開放。近幾年臺灣的經濟表現並不理想，政府無法提出令人振奮的政策，反倒是一直想限制兩岸的經貿往來，但成效有限，因為資金可以自由移動，不管如何限制，最後都將難以阻擋。那麼臺灣究竟該怎麼辦呢？香港政府的經驗或許是最好的借鏡。香港在 1997 年回歸中國後，遭遇亞洲金融風暴、沙士等危機衝擊，經濟一度相當疲弱，不動產價格甚至大跌到只剩三分之一，後來拜中國內地經濟起飛之賜，以及內地開放個人遊，讓香港經濟、地產起死回生。現在香港每年有數百萬大陸客前往觀光，酒店的住房價格不僅比以前漲了三倍，甚至經常訂不到房間。除此之外，香港政府的政策轉變也是功不可沒。譬如今年起香港取消遺產稅和贈予稅，估計未來臺灣、日本、東南亞等各地的有錢人，都會把資金移轉到香港，以回避本地的遺贈稅。

臺民意基礎是關鍵

在這裡我們看到美國是想通過臺灣經濟的困境增強臺灣做為一個「國家」的主體性，但兩岸間經濟的融合性直接破壞美國和民進黨的構想，因為臺商可以通過大陸經濟發展直接躲過這場經濟衰退，既然能夠順利躲過衰退，那麼臺商為何冒著荷包縮水的危險來配合美國和民進黨的策略呢？沒有人會和錢過不去。

　　民進黨的政策最後如果沒能配合美國的國家利益的話，美國還可能轉而支持國民黨，但這種可能性如果不是到了最後的時機，美國是不會拋棄民進黨的，畢竟民進黨大多數官員都曾經到美國政治避過難，在國民黨內部要求統一的力量還是非常強大的前提下，兩岸統一絕對不是美國希望看到的，兩岸統一不符合美國的國家利益，但如果大陸持續不間斷的擴大在臺灣的民意基礎，相信美國兩岸分離政策不會得逞。

深圳《晶報》。

奧運中的《南方週末》。

臺灣亂象拉美化[*]

　　陳水扁儘量滿足美國的國家利益，這樣的操作與很多拉美國家的做法非常相像。但不同的是，拉美國家的人民在長期忍受國家內部的腐敗之後，已經出現了委內瑞拉總統查韋斯這樣以反美為己任的國家領導，這是部分拉美國家對美國失望的表現。民主化進程是要減少政治權謀和估算，這樣臺灣才能夠被拉回正常的發展軌道上來。

　　6 月 27 日，臺灣首個總統罷免案完成並由立法院表決，在執政民進黨 86 名立委集體不進場不投票的抵制下，獲 119 贊成票、14 無效票、沒有任何反對票，卻因不足 148 票門檻，罷免案不通過。在這裡馬英九、泛綠群眾、陳水扁以及兩岸、新加坡媒體的報導非常值得關注，首先馬英九為何在這次罷免案中表現遲鈍，泛綠群眾難道不知道自己在保護的領導人，是一個周邊官員幾乎全部都涉及貪污的領導人嗎？泛綠群眾心中更多的應該是痛心疾首，陳水扁是權力的傲慢，還是他真的不在乎歷史的評價？

美日緊盯臺灣政局演變。

* 本文發表於《大公報》2006 年 7 月 5 日。

扁儘量滿足美國利益

　　在這場罷免案中，如果首先要將臺灣的政治精英劃分為本省精英和外省精英的話，這樣會更有利於理解臺灣出現的政治對立現象。當1949 年國民黨所有精英都來到臺灣之後，臺灣整體的發展過程都被外省人控制，儘管很多本省精英都對此表示不滿，在這四十多年的發展，臺灣基本上都是圍繞在如何提升經濟的策略中。1992 年到 2000 年之間，臺灣發展的民主進程還是由國民黨總體控制並操控，儘管在這期間李登輝主導了這一切。2000 年之後陳水扁以不過半的得票率當選為領導人，陳水扁希望以民進黨的精英為主體，進行本省精英全面掌權，但問題在於臺灣的本省精英並不能夠掌握民主政治的精髓，那就是民主應當為了當地的發展而儘量採用妥協的戰術，民進黨的非妥協政策，使得國民黨、親民黨以及非常綠的「臺聯黨」都不能進入政府當中，這使得臺灣大量的資源都為一個目標所不確認的民進黨服務，民進黨對於臺灣建設所設定的目標週期大約只有一個到三個月，在 2000 年初期則大約時間長度為半年。選舉所造成的權力壟斷為陳水扁周邊的官員提供了一個腐敗的良好沃土。

　　在周邊的國際環境中，陳水扁抓住美國的國家利益和民主要求在後冷戰時期已經開始分離的特點，在外部和內部都儘量滿足美國的國家利益，並通過外交運作讓美國放鬆對臺灣「民主的要求」，可以看出陳水扁這樣的操作與很多拉美國家的做法非常相像。但不同的是，拉美國家的人民在長期忍受國家內部的腐敗之後，早在幾年前就已經出現了委內瑞拉總統查韋斯這樣以反美為己任的國家領導，查韋斯的作為得到了本國和很多拉美國家人民的支援，這是部分拉美國家對美國失望的表現。如果臺灣堅持他們認為的民主化進程，這必然會使政府感受到來自人民的強大壓力，並迫使政府在兩岸問題和民生問題上有所作為。

政治亂象非民主之必然

　　儘管在國民黨內有大量的本省人，但在組織運作上國民黨還是大大區別於民進黨。國民黨在下野之後，仍然擁有龐大的黨產，如果分配不均，在黨內很容易產生寡頭，之前李登輝就是利用國民黨來實現自己的威權統治。2000 年之後，由於黨主席連戰本身就擁有 40 億港幣以上的資產，而實現在基本公平的原則上的政黨組織運作。民進黨在陳水扁當權之後，出現了大量黨外的資源可以利用，這些資金主要來自臺灣銀行業的重整。陳水扁在腐敗的過程中的悲劇就在於，他本身似乎並不在乎自己的歷史定位，其政治操守和道德要求要遠遜於大陸高層的政治人物。據很多報紙評論顯示，陳水扁現在似乎只有兩條路可走，一條是修改憲法，讓臺灣向獨立的路上邁進，另一條是兩岸三通。但似乎這兩條路，陳水扁都無法走通，這樣陳水扁的歷史定位很可能就在於：聽美國的話，毀掉了民進黨，肥了自己，碌碌無為。

　　臺灣的《新新聞》在 1007 期中刊登了游淑惠和韋君詩的署名文章《國民黨中央形同植物人 罷扁連署遲遲熱不起來 馬英九發飆了！》。文章認為馬英九是在已經獲得美國方面的情資之後，確知國民黨不論是發動罷免陳水扁，還是進行「倒閣」，或是持續發動二次罷扁、三次罷扁……等等動作，美國都不會反對和干預。最後馬英九痛苦地發現，不論他有多少方略，面對著遲緩的國民黨機器，馬英九的所有佈局可能都會成為鏡花水月，還會因此被陳水扁和民進黨痛打。

　　新加坡《聯合早報》的報導則把更多地關注在陳水扁之後的政治生命，在社論《罷扁失敗 誰之勝利？》中指出臺灣政府在從威權走向民主的過程中，難免需要交一些學費，付出一些代價。但是，以臺灣近年來的現象看，包括各政黨以及政治人物在此次罷免風波中的表現，人們發現，某些政治亂象其實並非是民主進程中之必然。

爆料行為屬新聞炒作

　　馬英九表示，國際上普遍認為，以臺灣民主化已有的成果，加上臺灣的經濟發展程度，以及人民普遍較高的教育水準，相信臺灣人民能夠有成熟的民主素養，充分運用「憲政」手段，國際上並不希望臺灣走上菲律賓、印尼和泰國那種發動群眾短線而動盪式的手段。該高層指出，這些國家後來的動亂反而更多，因此，國際上正密切關切臺灣朝野雙方的一舉一動，也將會對朝野雙方的民主成熟度進行評比。那麼馬英九的表示是否符合民主的基本特色呢？準確講馬英九所堅持的是一種法制化序運作，而不是真正的民主，馬英九確立罷扁是長期抗戰，是準確的。但在臺灣民主化並沒有被法律完全確認之前，馬英九應該看到臺灣的民主化進程應該有和平革命的特色，這種和平革命應該是有組織有程式的進行，在獨聯體就有三個國家產生了顏色革命，而顏色革命的基礎就在於其國家政府的全面腐敗，這一現象被西方國家基金會所扶植的精英不間斷地向全社會進行通報。臺灣發生的腐敗現象應該通過臺灣精英向全體人民通報，這種通報不是一兩個立法院議員進行的所謂爆料，後者的爆料行為屬於新聞炒作和政治權術，不屬於政治民主。爆料並不能夠導致政權更替或者民主向前發展，而爆料只能夠讓腐敗行為成為政治口水，希望臺灣精英能夠學習一下發生在獨聯體的顏色革命，民主化進程中要有激情，這種激情並不是暴力的，而是要減少政治權謀和估算，這樣臺灣才能夠被拉回正常的發展軌道上來。

扁找接班人作困獸鬥[*]

　　陳水扁現在可做的事情只有一件，就是為自己選一個 2008 年後不會清算自己的領導人。陳水扁執政下的臺灣經濟無所作為，他的政治品格狼藉不堪，在選接班人上出現問題的話，2008 年之後，陳水扁整個家庭或家族將會遭到滅頂之災。

　　近期臺灣關於罷免陳水扁的活動已經進入歹戲拖棚的階段，一些深綠的學者兩度召開記者會。在會議上這些人發表聲明表示，領導人沒有犯法不表示沒有犯錯。對於陳水扁迄今沒有提出辭職表示遺憾，協助陳水扁去職，並且協助處理後續措施，是民進黨目前應為而當為的事。否則如何說服民眾？民進黨未來仍有機會帶領臺灣，那時如何突破危機？之後這些學者對於陳水扁重視他們的言論還表示感謝。真不知他們是否精神錯亂，這些是否應該算是建議還是這些人長期不受到重視的牢騷？另外還有一個輔仁大學學生黎文正在中正紀念堂搞起「個人學運」。在他一個人絕食的六天內，臺灣的電視臺又開始探究其家庭狀況，看其行為背後是否另有隱情。應該說，臺灣政治已經開始陷入一種近似家庭泡沫劇表演的狀況，好像臺灣現在已經不存在公理，無論藍綠只有陰謀似的。整體看來，反對陳水扁的人好像沒有什麼骨氣，支持陳水扁的人卻處處充滿陰謀，也許正是這樣才令陳水扁看不起周邊的政治人物，穩坐釣魚臺的原因吧！

---

[*]　本文發表於《大公報》2006 年 8 月 3 日。

選一個不會清算自己的人

在現階段我們需要把陳水扁的整體怪異混亂的行為解釋清楚,為何在很多證據都確認陳水扁女婿趙建銘和妻子吳淑珍都有涉及貪污行為的狀況之下,陳水扁竟然會敢於面對罷免,並無視如龍應臺在文章《今天這一課:品格》中提出的「知所進退」的倡議,難道是陳水扁真的喜歡在周邊一片罵聲當中繼續當這個有名無實的領導人嗎?按照常理世上還沒有這樣無聊的政治人物。那麼,陳水扁想在剩下的兩年時間內做什麼呢?對於這樣一個答案我們必須從領導人中民眾的特殊需求上著手才容易理解。

作為領導人的根本任務是什麼呢?根據歐洲、俄羅斯和美國的領導人最近十幾年的表現來看,作為領導人的根本任務在每個國家和地區是不同的。以大國為例,美國總統的任務最為簡單,就是維持美國的國家利益和維持經濟增長;英國則是維持帝國最後榮耀和保持經濟增長;俄羅斯最為複雜,俄羅斯總統主要有三項任務:維持國家已經形成的民主體制,保持國家的經濟增長和選接班人。現在臺灣地區的領導人陳水扁在執政的六年時間內,臺灣的經濟並沒有明顯的提升,儘管促進兩岸三通會給臺灣帶來明顯的經濟效益,但陳水扁此時如果貿然著手開展三通的政策,只怕不但不會得到泛藍群眾的認可,還會馬上遭到深綠群眾的罷免。陳水扁現在可做的事情只有一件,就是為自己選一個2008年後不會清算自己的領導人。

蘇貞昌難保護阿扁

現在臺灣所有的政治應該都是圍繞在接班人的問題上打轉,因為陳水扁執政下的臺灣經濟無所作為,他的政治品格狼藉不堪,如果再在選接班人上出現問題的話,將來在 2008 年之後,陳水扁整個家庭或家族將會遭到滅頂之災。廣義來講,經濟精英在困境下可以外逃,

但政治精英可選擇的出路卻非常少。當初俄羅斯總統葉利欽在 1995 年後，每一年在國會杜馬都會面臨俄共罷免的提案，葉利欽在使用各種手段之後，都會逃過一劫，但葉利欽在經濟發展失敗、民主發展混亂之際，1999 年他唯一能做的就是選擇普京作為他的接班人。2000 年底看著全身都有病的老總統葉利欽拿著總統筆交給普京，讓普京好好珍惜俄羅斯的一幕，就是葉利欽最精采的謝幕。那麼陳水扁該如何謝幕呢？

　　陳水扁是否會選擇蘇貞昌作為自己的接班人呢？從民進黨的長遠發展考慮，蘇貞昌是民進黨的唯一選擇。問題是蘇貞昌在 2008 年之後，是可以保護民進黨，但不一定保護陳水扁。當初李登輝在選接班人時採用跨黨派的方式選擇民進黨的陳水扁，但現在陳水扁跨黨派選擇馬英九的可能性非常低。馬英九與陳水扁並沒有太多的相容性，最多馬英九可能保證在其任內不會起訴陳水扁已經犯下的貪污罪行而已。

陳水扁是否會選擇蘇貞昌作為自己的接班人呢？（圖片來源：www.cztb.gov.cn/）

美國民主不能照搬

　　臺灣民主發展為何會陷入家庭泡沫劇的結局呢？這應是臺灣在民主發展中直接移植美國的民主特色所導致的，並且在現在時局非常混亂的狀況下，臺灣的政治精英和民眾對於美國民主尚沒有任何怨言和反思，很多反思都認為亂局只是民主發展的必然代價而已。很多學者包括龍應臺還對於美國民主建立的基礎並沒有很好的思考。我們必須承認，美國式的民主是建立在美國，是世界唯一的超級大國之上，而且在百年之前美國的民主發展並沒有受任何國家的干涉，美國在近三百年的歷史當中，發生在本土的戰爭只有兩個，一個是獨立戰爭，另一個是南北戰爭，在這樣的和平環境中，美式民主在美國本土的失敗機率幾乎沒有。但在臺灣及其它地區，美式民主便要面臨水土不服的問題，且臺灣能解決問題的政治精英較少。在感官上臺灣政治精英的能力比經濟精英較弱。這樣在美式民主發展中，美國領導人並不會面臨選接班人的問題。現在包括俄羅斯、中國大陸、臺灣以及很多的發展中國家和地區都有選接班人的問題，此時如果把領導人的品格直接建立在一些烏托邦式的個人品格上，我們將無法搞清楚為何陳水扁還在那個位置上，而且他只要把持百分之二十的民意就可以控制整個臺灣的發展。陳水扁現在在這個職位上唯一的目的就是選接班人，臺灣政治人物的運作都在圍繞這個問題展開。

　　對於臺灣，我們要看到儘管臺灣的平均個人所得已經接近已開發地區，但臺灣民眾的整體思維並不集中，尤其在和諧關係的維護上比較缺乏佛教或者基督教的精神，可以說臺灣民眾如果沒有和諧的話，就很難讓臺灣的民主深化。民眾之間的和諧關係是維持整體政府運作的重要因素，此時民主程序只是維持領導人正常輪替的制度，對於領導人的個人品格，民主制度的約束性相對乏力。只要存在選接班人的問題，民主就是可以被操控的，這是民主的悲哀和無奈。如果臺灣照

搬美國式的民主，那將會更加悲哀，因為美式民主在世界很多國家和地區成功率都非常低，但這並沒有影響美式民主的聲譽，因為美國本土的經濟發展正常，且美國精英在維護國家利益上採用雙重手段，美式民主的成敗對於美國並不構成直接影響，最後輿論都會認為那只是移植美式民主的國家或地區無能而已。

《南方週末》對於中國大陸改革進程的報導。

民進黨棄「獨」臺經濟有望[*]

　　如果以經濟為依歸的話，臺灣必然會與大陸產生更加緊密的經貿關係。原本臺灣的執政基礎在兩岸問題上是可以大有作為的，但可惜民進黨在「臺獨」的「神主牌」下，最終走向失敗。

　　最近臺灣聯合新聞網報導前領導人李登輝發表激烈言論，他認為臺灣在經濟發展中根本是被利益團體指導、財團綁架，扁政府放棄臺灣主體意識的經濟發展政策是下錯了藥，簡直不顧百姓生活與臺灣的安全。我們常懷疑李登輝這名「老不休」（陳水扁語）是否真的老糊塗了，就最近他發表的言論來看，他對於臺灣局勢發展的掌握程度還是非常高的，但這名老先生的話似乎只說對了一半，他的言論對於民進黨的總體發展並沒有一點好處，而且還有拆臺的嫌疑，原因就在於我們不瞭解民進黨在這六年的發展根本方向是什麼的情況下，民進黨這樣糟糕的作為是否有自我改善的空間是關鍵問題，畢竟我們還需要長期與民進黨打交道。

發展方針錯誤

　　民進黨在臺灣最近六年發展總的方針是什麼呢？按照臺灣現在的局勢來看，民進黨總體的方針是以選舉為中心，行政為輔助，維護臺灣南部財團和民眾的利益為施政的最終著力點。這樣的方針最終的效果是什麼呢？在瞭解這個問題前，首先我們來看一看如果臺灣同意大陸遊客自由訪問臺灣的後果，這個問題同民進黨在執政中的所有問

---

[*]　本文發表於《大公報》2006 年 8 月 17 日。

題極有相關性。如果民進黨開放大陸遊客自由訪問臺灣後，那麼臺灣很多的軟環境就不能夠適應大陸遊客的需求，譬如在飯店的數量、醫療環境、政府工作人員的態度等等，大陸遊客最為喜歡的阿里山、日月潭等周邊景點的飯店就非常之少，如果大陸遊客在旅途中生病的話，臺灣的醫生還沒有服務大陸遊客的經驗，另外還有臺灣政府的工作人員未來對於大陸遊客的不友善態度是可以想像的。現在除了經常與大陸有來往的單位外，其它單位對於大陸人均不友善，這是兩岸長期處於敵對或者競爭的環境之下的必然反映。在 2009 年臺灣全面開放大陸觀光客來臺之後，臺灣民眾整體的態度已經發生了巨大改變，這種改變使得臺灣整體的服務觀念，也發生了巨變，而且臺灣很多高素質民眾自我反思的特質，會促使民進黨儘快結束為一黨之私而放棄經濟發展的方針。

　　試想民進黨如果回歸李登輝所講的臺灣的一切發展都以經濟為依歸的話，臺灣必然會與大陸產生更加緊密的經貿關係，如果臺灣不如此的話，希望通過日本或者美國來提升自己的經濟實力是非常不現實的。譬如民進黨一再強調臺灣的農產品在日本市場是大有可為的，民進黨在媒體廣為宣傳臺灣農產品可以在日本賣出非常高的價格，但從日本市場對於農業的需求上來看，直到現在日本的大米和牛肉一直對於美國都是沒有完全開放，試問日本會完全開放讓臺灣農產品進入日本嗎？另外如果臺灣開放兩岸三通的話，美國還會把它自己的跨國公司的亞洲總部設到臺灣。但是現在總的趨勢是美國大部分的跨國公司正在逐步撤出臺灣市場，因此，美日兩國對於臺灣經濟的提升並不會帶來直接的效果。

「族群對立」仍是王牌？

　　另外如果民進黨開放三通發展臺灣經濟後的直接後果，就是臺灣的行政部門和大企業的模式都將發生巨大的改變。臺灣的行政單位都

將轉型為如何更好地服務來自本土和大陸的廠商，而現在堅持選舉為最終任務的大量民進黨政務官將沒有任何用武之地，而不拘一格使用大量國民黨執政期間的經濟專才成為政府用人的首選。另外實現三通後真正受益的首先是臺灣的大小企業，這些企業的運營資本大大降低，臺灣的高級人才的自由流動成為可能，但臺灣的銀行業確不是首先的受益者。對於這一點我們拿美國企業進入大陸的狀況來對比就會清楚，當上世紀七十年代末，大陸開放市場經濟後，美國的大企業逐漸進入大陸，但直到現在為止，美國的銀行業才開始進入大陸市場，但盈利確少得可憐，譬如據《華爾街時報》報導，現在美國的萬事達卡、VISA 卡都還沒有盈利，今年這兩家公司的虧損較往年要少一些。這六年民進黨在臺灣的金融改革過程中與銀行業進行利益交換，這樣民進黨與銀行業的利益共同體會在三通後變得不重要，屆時民進黨臺灣選舉中經常使用的族群對立的王牌將馬上失去功效，民進黨未來執政的基礎將會喪失。這是民進黨「錯誤發展」後帶來的悲哀。選舉成就了民進黨，但最後也成為民進黨揮之不去的陰影。

認識民進黨的本質同樣也是非常重要的問題。民進黨的全稱是民主進步黨，現在看來民進黨民主的來源應當是內部的派系共存，每個派系都有自己發表觀點的空間，而進步應當體現在民進黨的組成是臺灣本土的中產階級和農民、勞工階層，這些應當是民進黨主要的投票人群。按照歐洲政黨發展的特色來講，民進黨應當是典型的左翼政黨，民進黨在早期的發展中與農民和勞工階層都有緊密的聯繫，其政黨主張大多是圍繞在臺灣社會底層展開。按理說美國對於這樣一個左翼政黨應當是最不放心的，但民進黨很多人在早期都有到美國避難的經歷，當初美國對於這些人都進行了大量的投資，而且民進黨所堅持的「臺獨」立場，必然導致民進黨與大陸的對立，這是成為美國對民進黨最為放心的因素。

只顧選戰造成惡果

陳水扁執政六年之後民進黨整個的執政基礎發生了徹底的改變，民進黨的執政基礎變為族群動員，而族群的成員經常發生改變，族群動員的資金來源為銀行業。這主要是因為在連戰訪問大陸之後，臺灣的勞工和農民都看到兩岸關係的融合對自己是有好處的，原來國民黨執政的基礎正在由原來的中產階層逐漸轉向農工階層，這樣在兩岸問題上只有行政執行基礎的國民黨現在同樣也擁有相當數目的民意基礎。

那麼民進黨另一位領導人蘇貞昌是否有改變民進黨民意基礎的可能性呢？現在看來答案是非常悲哀的，因為族群動員已經成為民進黨使用的常態，如果民進黨開始為農工階層服務的話，民進黨內部很多擅長選戰的政治人物會失去存在的舞臺，這是一個惡性循環的惡果。原來民進黨的執政基礎在兩岸問題上是可以大有作為的，但可惜民進黨在「臺獨」的「神主牌」下，最終走向失敗。但作為大陸的高層還應當保持與部分民進黨人士的接觸，這是需要走的一步，不然為何當馬英九一旦面對族群牌時，就頓失優勢。儘管這種接觸在開始階段十分困難，為了兩岸的統一，大陸還是有義務幫助民進黨去除「臺獨」的「神主牌」。

臺灣開始迷失方向[*]

　　全臺灣從南到北，不滿阿扁的聲音此落彼起。臺灣出現的問題是在 1996 年發展中大方向出現問題之後，所有問題累積而成。李登輝提出的兩岸經濟「戒急用忍」的政策是臺灣走向本土化的開始，現在證明是完全錯誤的。自陳水扁執政以來，全臺灣的政治人物都不能夠參與任何解救臺灣經濟陷於困境的活動。

　　由臺灣知名黨外人士施明德發起的百萬人一人一百元倒扁活動，在臺灣島內迅速蔓延，陳水扁貪瀆的新聞已經成為臺灣島內大眾的談資，不但在立法院、餐廳或者立委們常常聚集的臺大會館內都能夠常常聽到對陳水扁不滿的聲音出現，而且全臺灣從南到北，甚至在電車和公車上，不滿的聲音以普通話、臺灣話、客家話表達出來。臺灣出現的問題應當是在 1996 年發展中大方向出現問題之後，所有問題累積而成。

　　本月 24 日《聯合報》發表社論《施明德：國民黨的叛亂犯，民進黨的叛徒》。社論中提到民進黨現在所摧毀的施明德傳奇，不止是摧毀施明德的人格形象，也是在摧毀整個民進黨的共有的「革命傳奇」，如果民進黨的傳奇人物是施明德的話，這個傳奇居然只剩下一張假面具。對於曾是民進黨靈魂人物的施明德的徹底否定，汙名化為對妻女無情、錢財不清不白，及對蔣介石寫求饒信的政治丑角，應當說這是圍繞在陳水扁周圍政治受益者們採用的一種比較卑劣的手段而已。自陳水扁執政以來，全臺灣能夠從中收益的政治人物非常有限，這樣使得很多的泛藍、泛綠、公共知識份子和媒體人在這六年間都不能夠參與任何解救臺灣經濟陷於困境的活動，比如很多泛藍的經

---

*　本文發表於《大公報》2006 年 8 月 31 日。

濟專才曾給陳水扁提出很多關於臺灣經濟建設的構想和建議，但這些通通被陳水扁扔進垃圾筒。

民進黨是李登輝的炮灰

　　臺灣經濟在發展中存在一種宿命論，這種宿命論在最近幾天的華視的一個紀錄片中有所體現。這部紀錄片在午夜 2 點播出，紀錄片中展現的前國民黨官員提出兩點非常值得我們關注，一是在上世紀九十年代初期，國民黨曾經構想希望在西方國家封鎖大陸的時期，為大陸提供兩百億美元的貸款或者援助，這樣可以換得兩岸長期的和平相處；另外一個就是國民黨技術官僚計畫實施在 1996 年之前全力發展以大陸為腹地的亞太營運中心，計畫的目的在於臺灣未來非常有希望成為大中華圈內經濟閃耀的明珠。但在李登輝訪美之後，兩岸關係大幅倒退，此時李登輝提出的兩岸經濟「戒急用忍」的政策是臺灣走向本土化的開始，現在證明李登輝兩岸政策的大方向是完全錯誤的。而另一個問題就在於臺灣的內部的協調機制並沒有及時的制止這樣錯誤的行為，當時臺灣好像已經擁有很多的反對黨，這些反對黨包括民進黨、新黨、建國黨等，但這些反對黨參政議政的功能非常有限，「戒急用忍」政策的延續就是在 1999 年 7 月李登輝提出的「兩國論」，現在看來李登輝提出「兩國論」的初衷是想兩岸進行徹底的分割。2000年當李登輝下臺之後，他竟然跨黨選擇自己的接班人，看來李登輝還是一個充滿想像與創意的領導人，臺灣由這樣的領導人領導真是不幸的開始。陳水扁在競選期間還在堅持走中間路線，但在接下來陳水扁領導臺灣的六年間，臺灣經濟政策並沒有太多的改變，這使得臺灣經濟一直徘徊在 2000 年的水準。國民黨的一位前高官就曾感歎，臺灣是沒有成為大中華經濟圈上的明珠的命呀！

　　在臺灣經濟大幅下滑的大環境之下，臺灣內部還是發生了很多的變化。首先是在媒體宣導的本土化為主多元化為輔的輿論環境之下，本土化與多元化之間經常進行鬼斧神工的轉化，在臺灣北部多元化是

安撫這些知識份子、中產階層和名嘴的迷魂劑，這一劑迷魂劑的直接效果就是在臺灣北部每一個人都有自由發言的權利，但每一個人的表述都變得無足輕重。比如 TVBS 電視臺在 9 點鐘開始的《2100 全民開講》的節目中，受眾與來賓同時開講，表面上看大家都已經擁有相同的發言權，但實際上自 2000 年開始，臺灣的專業人士的意見越來越得不到重視，在談話節目中的來賓所表現的專業素養沒有任何的發揮，大家到節目中開講主要的目的已經變成為政黨辯護、互吐口水、不斷的爆料和異常勁爆的結論。

在這些節目中教授不像教授，官員更像市井小民，但大家還一本正經端坐在座位上，保持沒有用的禮貌。臺灣電視談話性的節目的主持人每一次都在節約來賓談話的時間，主持人最大的任務就是讓來賓和電話叩應受眾都能夠講上一些，而節目的宗旨就在於當每一位來賓和受眾都抒發了自己的觀點之後，節目的多元化和民主達到了最高點。臺灣媒體天真的認為這種多元化和民主氣氛可隨時間達到社會和解和民主化深入的目的。這種片面理解美國民主的最直接的後果就是，大家都在這樣的節目中沉淪，因為所有上節目的名嘴和教授都不會全身而退，比如在這次倒扁活動中提出不支持的文化人龍應臺女士，馬上就遭到很多泛藍的圍攻，在幾天之後，《聯合報》發表龍應臺支持倒扁的新聞，龍應臺似乎中立理性的立場馬上崩潰。

這次在民視《頭家來開講》現場直播政論節目，當時正討論施明德倒扁運動。政治評論家金恆煒以施明德豪宅、求饒信等，質疑倒扁的道德正當性，他身旁的民進黨黨外時代元老、施明德老戰友林正杰無法認同，駁斥：「你很欠扁，是不是？」金恒煒不甘示弱回應：「你們這些人就是這樣，不講道理，說不過就要扁人……」話音未落，林正杰重重一個巴掌往金橫掃過去，將金打得整個人飛跌出椅子，鼻子被眼鏡割傷流血。林仍繼續拳打腳踢，現場亂成一團，主持人直呼：「導播！馬上進廣告！」此時，已有長達一分鐘的衝突畫面直接播出。

名嘴效應無足輕重

　　臺灣電視節目中的暴力現象並不多見，這次事件顯示出臺灣的名嘴和社會運動人士對於臺灣的現狀越來越不耐煩，社會中的焦躁情緒開始在電視節目中顯現。名嘴的下場同樣是悲慘的，因為這些名嘴的言論並沒有給臺灣帶來哪怕是一絲的改變，因而如果大陸電視臺包括中央電視臺片面的引入臺灣的名嘴到自己的節目當中，這是一件非常可怕事情。把一些似乎非常瞭解臺灣，但對臺灣沒有任何實質影響力的人介紹到大陸，只能增加我國社會的不穩定因素和盲目的仿效。對於臺灣無效的言論自由，大陸政府應當引起足夠的重視和深入的研究，例如對於臺灣媒體要有專業人士來研究，而不是用一些現成的臺研所的人來兼顧研究，應當指出大陸相關單位對於臺灣媒體的實質研究還不多和不夠，這是件非常可怕的事情。

布希阿扁如何擾亂媒體[*]

　　布希的演說策略是一種兩分法：支持美國發動的戰爭就是愛國行為，反之就是不愛國。美國媒體也因此陷入了非常被動的境地。陳水扁操弄的是一種狹隘的民族主義，使得國民黨一旦被定義成外來政權之後直到現在都翻不了身。

　　9 月 4 日，美國人迎來了勞工節，當天也是美國民主黨與共和黨這兩黨瞄準 11 月 7 日國會中期選舉的選戰開鑼日。美聯社 3 日報導說，從一開始，控制國會參眾兩院的共和黨將依舊沿用國土安全和反恐這兩張選戰強牌。美國《新聞週刊》每日網路版 9 月 12 日的一篇評論文章標題為「愛國主義或是政治？」質疑美國總統布希在悼念「9.11」五周年之日發表的公開談話，一切目的都是為了選舉。

強制性思想的灌輸

　　該文寫到白宮先前曾對外表示布希總統的演說一定是超越黨派的非政治性演說，但實際上是，雖然布希在遣詞用字方面技術性地避免使用共和黨或是民主黨的字眼，但是他在演說中表明：贏得這場反恐戰役必須靠全國堅決努力團結在一起才能達到，我們必須拋開分歧且團結在一起，才能通過歷史給我們的考驗。這段話顯示布希為自己的政治演說披上一件愛國主義的外衣，也就是民主黨反對布希發動戰爭的意見將被視為一種不愛國的行為，這顯然與布希先前強調要接受各種不同意見以及儘早結束對伊戰爭的論調不同。

---

[*]　本文發表於《大公報》2006 年 9 月 19 日。

　　該文作者認為布希的演說修辭在語境上有兩個層次，首先他闡述確定自身的立場，然後諷刺對手的意見簡直是愚蠢至極！例如首先他說：我們正在訓練伊拉克的士兵，以便他們可以保衛他們自己的國家，我們正在幫助伊拉克政府穩固力量來服務它的人民，直到這個任務完成之後我們才會離開；接著布希又反諷說：不論我們在伊拉克犯下什麼過錯，最大的錯誤將會是我們撤出伊拉克，恐怖分子不會放過我們，他們會跟著糾纏我們不放。

　　事實上，布希善於在媒體前號召民眾支持他的戰爭行為，但他的演說經常給人一種壓迫感，其演說的策略就是一種兩分法：支持美國發動的戰爭就是愛國行為，反之就是不愛國。這種強制性思想的灌輸，在新聞傳播學上稱為是一種「皮下注射原理」或「魔彈原理」，當人們在經常接受一種強制而單一的思想灌輸之後，思想便會陷入一種沒有別的思想空間和選擇的境地，這種強制性思想觀念的灌輸會逼迫人們變得意志消沉且毫無反擊的能力，最後受眾只得接受這樣的思想論述，人們就如同被一顆子彈射中而立刻應聲倒地。

美媒體陷入被動境地

　　在上個世紀的兩次世界大戰中，交戰國之間普遍使用這種宣傳手法來控制民眾的意識，以達到最佳的作戰效果。這種兩分法的宣傳方式要產生效果的前提就是該國的政治與經濟環境或是生存環境陷入了危機當中。例如在近幾年當中使用敵我涇渭分明策略而贏得總統大位的就有俄羅斯總統普京，車臣戰爭是俄羅斯意識形態上的芒刺，在普京的反恐戰爭當中，人們為了國家安全問題而沒有別的選擇，他們必須支持普京的車臣戰爭，這是與俄羅斯境內不斷發生恐怖爆炸與人質綁架事件有極大的關係，恐怖事件已經被俄羅斯政府確認為車臣武裝分子所為。相同地，「9.11」事件發生之後，布希已經將恐怖主義和伊斯蘭極端教義派的基地組織劃上等號，布希就是希望將他在阿富汗

和伊拉克發動的戰爭合理化，也就是美國民眾必須支援美國清剿基地組織所謂的餘孽才是愛國行為。這樣一來，美國民眾在這頂愛國主義的大帽子之下被迫犧牲了言論與思想的自由，美國媒體也因此陷入了非常被動的境地。

臺「本土化」政策成緊箍咒

　　政治人物使用兩分法的目的就是要團結大多數的力量贏得選舉。但是這種非黑即白、只問顏色、不問是非的選舉策略是最為學界所詬病的。這種輿論壓迫現象在十九世紀末宣導個人言論自由與行為思想解放的學者彌爾 John Stuart Mill 於 1985 年出版的《On Liberty》一書中就已經提到。彌爾要大家謹防的是一種社會輿論所產生的多數暴力現象，這種輿論暴力的理論在二十世紀中被傳播學者再次提出，以德國學者 Elisabeth Noelle-Neumann 最為有名，諾利－紐曼以「沉默螺旋理論」說明，大眾媒體所傳播出來的優勢意見會使得持少數意見者逐漸不願意在公共場所發表自己的意見，這樣社會輿論就會缺少一種輿論制衡的作用，對社會國家的民主發展將產生不利的影響。一般民眾對政治人物操控意識感到最為反感的時刻通常是經濟低迷的時刻，例如臺灣從李登輝宣導本土化之後，臺灣社會中已存在的本省和外省的情節就被放大到媒體前面被檢視著，在媒體面前所有的臺灣政治人物非常小心謹慎地避免跨越雷池一步，以免被戴上「賣臺」的大帽子。李登輝本土化的緊箍咒最可怕的力量在於，從臺灣社會各界到每一個個人都自己為自己的思想洗腦，不敢在公共場合發表與此不同的觀點，當然就算有不同的觀點也會被媒體自律給排除掉。李登輝的本土化政策和「兩國論」為陳水扁這名臺灣之子打下非常堅固的基礎，陳水扁的本土牌與悲情牌在選舉中無往不利，陳水扁操弄的是一種狹隘的民族主義，使得國民黨一旦被定義成外來政權之後直到現在都翻不了身。但非常不幸的是臺灣的民眾要為此付出代價，他們長期

壓抑的憤怒情緒終於在陳水扁家族弊案頻傳之後，在前民進黨黨主席施明德登高一呼倒扁的那一刻宣洩出來！在施明德發起捐款100元臺幣的「倒扁」運動之後，一場臺灣本土精英結合社會各界和民眾所產生的公民運動才真正開始，甚至擁有政治光芒的馬英九和宋楚瑜在一場不分黨派、藍綠橘紅的公民運動中也變得相形黯淡而失色了。

臺媒體藉揭弊重振士氣

　　臺灣民眾這幾年來對臺灣的電視新聞普遍反感，原因是電視的聲光與視覺效果最能夠立即直接刺激受眾的感官神經，臺灣電視新聞的報導內容經常充斥政治口水與醜聞八卦，主播喜愛妄下定論與遣詞錯亂，記者的報導經常錯誤百出。現在的媒體發展過度注重經濟效益，從美國到臺灣的記者心理普遍出現不滿的現象，因為一方面記者要為媒體的效益討好媒體老闆，另一方面記者經常為了不能堅守新聞原則而感到痛苦不堪。自從臺

《南方都市報》的漫畫。

灣TVBS揭露高雄捷運弊案之後，部分臺灣媒體似乎找到了自己的新方向，也就是在臺灣經濟低迷、政府貪污、政治對決的惡劣氛圍之下，媒體要成為政府濫權的監督者，媒體希望成為有力的第四權機制，以擺脫自己長期淪為政黨鬥爭的工具。

臺應摒棄日幕府式陰謀[*]

　　精算大師李登輝應該停止日本德川幕府式的陰謀詭計，讓臺灣回歸在上世紀八十年代的溫馨社會。施明德絕對按照民意展開倒扁行動，不與任何政治人物妥協。把複雜的政治運動單純化，這是現今任何臺灣政治人物所不具有的能力。

　　百萬人倒扁總指揮施明德在《百萬人民倒扁日記》中發表《珍惜最後一次包容藍綠的機會》的文章。在文章中施明德提出，臺灣的優勢是可以在中美之間左右逢源，劣勢是可能在中美之間左右為難，臺灣的目標是成為華人地區最富裕、最民主的永久和平區，但策略是建立一個堅實的公民社會。施明德先生的良好願望是否能夠達成呢？作為大中華圈的每一位華人都應該對於臺灣的政治發展做出一個準確的定位，如果沒有對於社會形態標準進行準確認知的話，整個國家或地區的發展將會有被摧毀的危險。臺灣在上世紀八十年代解嚴之後，臺灣政治的發展應該是一個轉型中的社會，而轉型方向卻始終沒有確定，如果臺灣政府對外過度宣稱自己是民主地區的話，以現在臺灣的情況來看，這將是對於政治學

日本幕府電影：《柳生家族的陰謀》。

最大的諷刺。一個政治行為絕對有問題的領導人在臺灣竟然不會下臺，這在世界民主各地都是絕無僅有的現象。

政治精算毫無好處

現在臺灣政治人物任何的政治精算對於臺灣的發展都沒有任何好處，作為公認的精算大師李登輝應該停止日本德川幕府式的陰謀詭計，讓臺灣回歸在上世紀八十年代的溫馨社會。日本式的政治精算是臺灣政治發展的恥辱，但非常可惜的是臺灣的政治人物和「名嘴」們卻有意無意的推動和讚揚這樣的政治精算。施明德這樣一個政治的浪漫者在近一個月的靜坐及遊行過程中，絕對按照民意展開倒扁行動，不與任何政治人物妥協，把複雜的政治運動單純化，這是現今任何臺灣政治人物所不具有的能力。

在施明德靜坐的每一天，臺灣政治人物和「名嘴」們已經開始討論和運作雙方的退場機制，最近臺灣是否能夠實行「內閣制」成為媒體討論的熱點。9月22日，施明德舉行記者會，他認為這場運動沒有退場機制，靜坐的最終目的是陳水扁下臺。據筆者觀察，如果在臺灣實行「內閣制」的話，臺灣現在族群對立的情況將不會在五到十年內消失，國民黨主席馬英九希望在2008年執政之後，利用手中龐大的權力，改造臺灣社會族群對立的設想將會落空。臺灣如果實行「內閣制」，將會繼續導致整體社會持續分裂的狀態，因為未來政治人物只要掌握足夠的選票，就可以操控「內閣」。

政治表態成為社會常態

按照政治常態，能夠讓百姓受益的政策的週期一般都比較長。這樣看，臺灣閩南百姓手中選票的作用就非常有限，譬如在臺南有較多支持者的陳水扁在執政期間就在臺南建立了臺南科學園區，並修建了

非常寬敞的公路通向園區。但在 2003 年,筆者在晚間 7 點間觀察到,公路上竟然沒有幾輛車在行駛,可以說這條公路並沒有被充分利用,這與新竹工業園區車水馬龍的現象有著天壤之別。有一位大陸人士在聽完筆者的描述後,竟然認為該地區屬於貧困地區。

臺灣未來的發展應該建立在全社會和解的基礎之上,也許施明德先生所宣導的政黨「喝和解咖啡」的設想應該擴大。如果政黨無法和解的話,臺灣的選舉制度將會繼承古希臘哲學家所定義出的民主就是多數人的暴力,民主是社會形態中最壞最不易被選取的政治制度。選舉並不能夠使得社會的各種人才在政府或者商場當中人盡其才。

現在政治表態成為社會常態,包括政府官員和平民老百姓都需要在歷次的遊行中和遊行後進行表態。當施明德還在為臺灣社會發展設計一種以公民社會為支撐點的新型模式的時候,臺灣的政治人物又開始以政治精確計算為基礎的政治鬥爭。民進黨提出兩套「修憲」版本,並擇一做出定案,提交立法院。陳水扁也一改低調姿態,在民進黨二十周年黨慶後,公開發表「臺灣新憲」演說,同時為年底北、高市長選舉造勢。與華府國安官員剛會過面的民進黨主席游錫堃,已承諾「憲改」不涉及「統獨」敏感議題,後來卻在中常會上同意研議「臺獨版修憲案」。

美國政府不負責任

美國智庫研究人員在媒體的採訪中就談到,臺灣政治的民主程度是十分幼稚的,英文原文是兒童期的民主(child democracy),而美國認為臺灣社會出現的藍綠對抗是民主的正常形態,在兩黨政治中出現的政治分歧是正常的。如果臺灣能夠度過這一段艱難的時期,臺灣必然會在亞洲的政治發展中處於領先的地位,甚至這種模式還會對香港產生示範的作用。

　　應該來講，美國思維是非常想當然的一種想法，因為在臺灣五十多年的發展中，臺灣的閩南人一直都從事商業活動，而國民黨所帶來的外省人都長期處於政府公務人員、大學教職、軍人的崗位，這種臺灣所獨有政治常態是亞洲甚至世界其它地區所不常見的。這種常態的改變絕非一般人力所能及，這包括李登輝本人，以及其所推行的本土化政策。譬如在民進黨執政的這六年間，臺灣「外交部」整體士氣非常低落，甚至部門的大堂的接待處還出現工作人員在工作期間帶孩子上班。這無論在大陸還是在香港都是非常難得一見的現象，但很有意思的是這並沒有影響工作人員的服務熱情，另外在大堂還有政府工作人員在 10 點多鐘的時候，在大堂集體練習瑜伽，看的人真是感到不可思議。另外，很多旅行社的服務人員都普遍認為，現在「外交部門」整體的效率和對外工作的能力都普遍低於胡志強主持工作的時期。美國智庫按照自己的民主思維來想當然的看待臺灣的政治發展，但對於臺灣的政治精算行為的弊端缺乏一定的認知，美國政府一切行為都以美國利益為考慮，這是美國作為現今世界唯一的超級大國不負責任的表現。

臺北街景。

深入臺灣基層研究臺灣[*]

　　百萬人倒扁總指揮施明德在臺灣雙十節號召兩百萬人出來倒扁，希望在雙十節現場給陳水扁以重擊，並當眾以民氣展示陳水扁本人的可恥性。對於這次行動，我們必須採用大陸官方經常採用邏輯方法和臺灣人的思想模式進行分析，也許才能夠準確。這次活動本身是要攪動社會的秩序，還只是樹立臺灣社會中的禮義廉恥觀呢？當然施明德最主要的目的就在於通過活動達到讓陳水扁知道自己已失民心的現狀。陳水扁的問題其實也很簡單，就是在日本殖民和國民黨執政時期，臺灣大部分的閩南人都沒有機會進入政界當官，2000 年，陳水扁當選總統兩年之後，權力和金錢使得陳水扁對於總統職位產生了迷戀和迷思，而根據民主制度本身，總統一任四年，最多只能連任一次，在獲得金錢並產生持續性的影響力支配了陳水扁的整體思維。現在臺灣整體處於一個事情的兩個方面，表面水火不容，其實相安無事，結局可能是臺下兩百萬人倒扁，臺上陳水扁就當沒看到，反正陳水扁還有一年多就下臺了。

紅衫軍「天下圍攻」。（圖片來源：news.163.com）

[*]　本文發表於《大公報》2006 年 10 月 11 日。

「名嘴」被公民意識代替

此時，很多的「名嘴」和名專欄作者也展開自己的判斷，並開始使用極具煽動性的語言，這些人與陳水扁本人的恩怨展現無疑。這其中在電視上以陳文茜和胡忠信最具代表性，在文字上以南方朔先生的文章最具挑逗性。南方朔曾發表文章表示臺灣是否會發生新的「顏色革命」，臺灣的「顏色革命」被南方朔稱為「彩虹革命」，很多讀者曾非常關心這樣的事情是否會在臺灣發生。其實南方朔利用了臺灣人對於蘇聯結構知識不瞭解的弱點，下錯了定論，因為在獨聯體國家發生的顏色革命是俄羅斯和美國政治角力所至，在臺灣無論是國民黨還是民進黨都是親美政黨，連施明德都有與美國保持聯絡的管道，在沒有外動力的情況下，請問臺灣何來顏色革命？在筆者看來，臺灣政治人物和「名嘴」們所代表的個人英雄主義將會逐漸被臺灣正在成長的公民意識所代替，直到現在為止真正在領導臺灣社會運動的人物中，並沒有看到這些「名嘴」的身影。現在看來，在這種臺灣公民意識高漲的時期，大陸所宣導的寄希望於臺灣人民，兩岸統一的策略還真能派上用場。

無需要擴大大陸因素

有大陸著名臺灣問題專家認為，為保住政權，陳水扁有可能採取兩種手段或做法：一是先製造流血事件，藉口「保衛本土政權」而宣佈戒嚴；二是強調中國大陸威脅，藉口宣佈戒嚴。但在這裡筆者不得不指出，如果是發生在臺灣內部的事件最好不要事事都與大陸發生聯繫。對於臺灣，我們需要多多溝通，少一些自我認為。就像此時臺灣似乎已經進入非常時期，而國民黨榮譽主席連戰還在廣東、福建考察，兩岸的溝通是非常必要的。

　　據筆者瞭解，臺灣與大陸的臺灣研究人員和專欄作者在進行臺灣問題研究時都存在一定程度的盲點。臺灣方面的盲點就在於大部分研究人員都鮮少有深入臺灣基層，進行實地生活觀察的習慣。與此相反，在蔣經國時期，蔣經國本人由於受到蘇聯教育的影響，在其執政期間深入基層成為常態。對於這一點，現在的立法委員在選舉時和選舉後倒經常有深入基層的表現，但這種深入基層則是片面地深入某一部分基層，收益的只是一小部分人而已。臺灣大學的研究人員則更多的是依靠「國科會」下放的研究資金，依靠自己進行賠本和有價值的研究幾乎成為不可能的事情。

臺灣研究存在盲點

　　現在臺灣的書店裡，流行暢銷書成為書店的主力，很多學術性的書籍可能只有到三民書局、中華書局中才能夠找到。學者把更多的注意力轉移到出 SSCI 的學術刊物上，並且很膚淺的使用一些計算軟體得出一般人都可以看出的答案。這樣的結論是否太偏頗呢？我們可以從媒體新聞研究中看出，現在臺灣媒體內部並沒有新聞品質的監督機制，報紙給讀者提供更多的「腥羶色」新聞。來滿足部分讀者的好奇心。電視則更多採用社會新聞。筆者曾形容只要當天有一條跳樓自殺的新聞，緊接著這一個星期基本上都會是跳樓自殺的新聞發生，不知是否電視臺已經給觀眾更多啟示：因為只要是跳樓，就馬上會引起社會的關注，說不定自己的困境就能夠因此得到解決。但這其中的社會成本也是相當大的，一個跳樓的，下面要有十幾個人要接著，上面還要有勸解的、面對面救難的，各家電視臺記者、現場直播車，加起來要有四十幾人，真是熱鬧。在臺灣，大學學者的研究往往被媒體所不齒，認為那是沒有用的研究，媒體更多的是採用「名嘴」的觀點，而這些「名嘴」往往也只是在臺北市才有市場，比如集中大量「名嘴」

觀點的某雜誌，在桃園以南的地方就已經很少見到了。筆者曾在臺南市、高雄市很多地方都無法找到該雜誌，請問這樣脫離民間的雜誌，大陸何必過多的去關注？

學者要深入臺灣生活

大陸研究臺灣的學者的盲點是來自臺灣。在北京的大陸學者很多具有延安時代深入基層的習慣，但當這些學者到臺灣進行研究時，其本人活動範圍往往連臺北市都出不了，在臺灣進行研究和生活更成為奢談，深入臺灣老百姓的民間生活幾乎成為不可能。比如大陸研究者需要到李登輝的老家臺北縣三芝鄉，看看那裡的日本遺風；到陳水扁老家臺南縣麻豆市官田鄉，瞭解那裡的閩南風氣。如果不這樣深入臺灣老百姓家中的話，大陸對於臺灣的瞭解也就只能夠從泛藍官員、專欄作者等片面瞭解。

讓我們先來看看馬英九，在歷次活動當中，馬英九都與泛藍官員、「名嘴」進行切割，只是到關鍵時刻才會有一點的改變，馬英九相信只有這樣才能夠贏得大部分的臺灣人的支持，因為臺灣本省人都相信臺灣在兩蔣時代，國民黨對本省人犯有一定的罪行，包括二二八、戒嚴等，這也許就是連戰口中的「臺灣悲情」，馬英九必須進行贖罪，畢竟本省人是刀子嘴豆腐心，只要這段時間馬英九表現好，將來就會過關。

臺灣轉型進入公民社會已經成為「進行式」，前提條件是這次百萬人倒扁的活動能夠持續相當長的時間，施明德正在向這個方向努力。希望兩岸判斷少一點聳動的話語，多一點實際的生活。

民進黨意識形態已死[*]

　　在陳水扁被宣佈涉及貪污案後，民進黨清廉的「神主牌」被摘除。另外，在大陸逐漸釋放善意之下，臺灣本土化開始轉向。使得臺灣本土精英和農民看到兩岸經濟的融合是「合則兩利，分則俱敗」，「臺獨」是沒有必要的選擇，民進黨的意識形態已死。

　　2006 年 11 月 3 日，臺灣檢調單位經過偵查後宣佈：臺灣領導人陳水扁及夫人吳淑珍涉及「國務機要費（國務費）」弊案，兩人涉及貪污及偽造文書罪嫌，陳水扁受「憲法」保護，卸任後才追訴刑責，吳淑珍成為臺灣「憲政」史上首名因貪污而遭起訴的領導人夫人。消息一出，兩岸三地的媒體馬上進行了詳細的報導，廣州《南方都市報》、《廣州日報》都在頭版頭條作了詳細的報導，內容都集中在陳水扁是時候該下臺了，有香港報紙報導比較詳細，把重點集中在這場鬥爭是否會有結果上。臺灣的媒體則展現貼近的特點，從事件的不同側面展現其本身的特質。但此時筆者非常想提出一個問題：陳水扁到底是一個無知的領導人，還是一個意志堅定的領導人？從臺灣的意識形態看，在李登輝執政期間，臺灣經常宣傳自己已經進入民主社會，但其中最突出的問題，臺灣領導人卻一直在回避，那就是臺灣還像兩蔣執政期間一樣，是一個意識形態強烈的地區嗎？臺灣民主的核心價值到底是什麼？現在看來臺灣是一個意識形態在某種程度還比大陸強烈的地區，但強烈的意識形態的背後是多元和分裂的意識形態，這種多元和分裂狀況卻導致人民吃苦。

---

[*]　本文發表於《大公報》2006 年 11 月 20 日。

多元和分裂的意識形態

　　這種強烈的意識形態是設在中國統一面前最大的障礙。很多內地和香港的年輕人長期收看臺灣的綜藝節目，在這種輕鬆的環境之下，確實很難聯想到臺灣是一個意識形態濃重的地區。在李登輝執政期間，李登輝為了達到個人權力最大化，盡量擺脫來自外省官員的權力制約，他開始打破臺灣單一強勢的意識形態，即三民主義，這樣促使臺灣本省和黨外的意識形態開始結合，這種意識形態開始超越國

馬英九的意識形態正在形成。(圖片來源，馬英九網站)

民黨主導的三民主義。舉個例子，在 2000 年民進黨執政之前，很多參訪團到臺灣訪問，當時民進黨的黨部占整個大樓的兩層，樓裡到處充滿年輕人，而且在座談會之後，訪問團的午餐常常是價值 100 元新臺幣的便當（合 20 港幣），而且座談中，民進黨黨員對於「臺獨」的堅持常常使參訪團感到吃驚，「臺獨」已經融入了他們的神經，這種出神入化的融合在大選中就馬上與本土結合，而且成為民進黨的「神主牌」。

民進黨再無「神主牌」

　　從意識形態上講，民進黨的「神主牌」主要是「臺獨」，但「臺獨」的兩個支撐點是：本土化和清廉。在這裡我們首先必須清楚的一個概念是，「臺獨」和本土化是兩回事，「臺獨」理念中夾雜了來自美國和日本對於臺灣的期望，而且「臺獨」還加入民進黨人的特質，那就是在黨外時期，每個成員都曾經受苦難，這使得這些人在堅持「臺

獨」時經常抱有「無欲則剛」的特質，李登輝時期這體現在民進黨的待客接物上，國民黨卻經常大擺宴席，這使得大陸的很多官員感覺兩岸在某種程度上是相同的。大擺宴席是中國傳統的待客之道，而吃便當則是完全西化的表現。在臺灣經濟處於優勢的時候，民眾反倒很喜歡民進黨的這種較為西化的清廉，但其中的生硬和僵化直到現在才體會到。

在陳水扁被宣佈涉及貪污案後，民進黨清廉的「神主牌」被摘除，另外一個本土化的「神主牌」也開始逐漸消失。因為在「臺獨」在開始本土化的過程中過於遷就本土化，使得「臺獨」的天然弱點顯露出來。在國民黨名譽主席連戰訪問大陸之後，在大陸逐漸釋放善意之下，臺灣本土化開始轉向。其中最重要的標誌是把臺灣水果銷往大陸的舉措，使得臺灣本土精英和農民看到兩岸經濟的融合是：「合則兩利，分則俱敗」，「臺獨」是沒有必要的選擇，民進黨的意識形態已死。

表面上看陳水扁的危急是清廉問題，實際上應該是民進黨的意識形態危機。應該準確的講，李登輝在其十幾年的執政過程中，完全破壞了由國民黨建立起來的三民主義的意識形態，這一直接效果就是國民黨的未來就只能依靠馬英九，因為能夠執行黨的精神的人常常會在選舉中被淘汰，原因就在於這些人經常會說一些民眾聽不懂的政治語言，連戰和許信良這樣的精英就屬於這樣的情況。

在這次陳瑞仁檢察官提出陳水扁及夫人涉及貪污之後，臺灣的媒體再次展現能力進行全面的報導。但筆者想在這裡指出的是，臺灣媒體人的個人能力確實不錯，但對於媒體和臺灣未來的發展缺乏認知，而且媒體的管理階層一直忙於尋找經濟增長點。缺乏歷史責任感是媒體人普遍的現象。更糟糕的情況是，這些媒體人還經常自以為是，缺乏與學者經常性的溝通。媒體人希望學者能夠告訴他們如何做出高收視的節目和新聞，但臺灣耿直的學者卻只能講，這是不可能的事實。臺灣媒體無法歷史留名，將會成為歷史遺憾。

媒體太注重細節

　　臺灣媒體在陳水扁的報導中太注重細節，就是只看陳水扁是否能夠下臺。其實，媒體還可就陳水扁未來是否能夠專注於司法程序，專心處理自己的弊案，不要再搞什麼「制憲」、「公投」製造兩岸對立的事情，讓陳水扁饒了臺灣人，這樣的情況來做監督報導。未來能夠讓臺灣人安靜的過日子，發展經濟。或者退而求其次，陳水扁能夠讓臺灣安靜兩天，那陳水扁就為臺灣做貢獻了。好像直到現在為止，媒體還沒有意識到這個問題。

　　臺灣中廣新聞報導，「阿扁下臺，國民黨三罷總統推動北高遊行」，這應該是國民黨轉移焦點，希望該事件為國民黨高雄候選人加分。東森新聞臺報導「扁嫂被訴，臺聯支持罷免扁，籲街頭動亂停止」。這應該是李登輝開始與陳水扁正式切割的開端，可能李登輝已經意識到民進黨已經是一個沒有意識形態大腦的政黨了，這是一個沒有希望的政黨。中央社報導：「綠營立委：靜待總統說明，盼外界給點時間」，民進黨希望緩和形勢的態度非常明顯，民進黨黨員可能更願意相信，過兩天也許就沒有事了。民視電視臺更願意相信：「總統享豁免，國務費案未起訴」，逃避的態度完全顯現。

　　施明德所帶領的紅衫軍最大的歷史貢獻就在於塑造臺灣的公民意識，所謂公民意識就是公民自主意識。在三民主義遭到破壞和曲解後，「臺獨」也被操作成另類的意識形態後，臺灣人只有靠自己才能夠擺脫困境。「陳水扁下臺」應是施明德的表面訴求，建立自主的公民意識是問題的關鍵。臺灣在未來可能要將注意力集中在意識形態的重塑上。

　　俄羅斯現在的意識形態是強國政策，美國則是民主自由，中國內地已集中在和諧社會，而臺灣則是民主與亂象矛盾統一，但臺灣最有特色的卻是始終保持中華文化「德」的部分。。民進黨的意識形態更混亂，這是典型的「轉型」特徵。

北藍南綠弔詭的佈局[*]

　　臺灣又一次的選舉終於結束了，在這場選舉中兩岸三地的媒體再次扮演了積極報導的角色，評論與新聞鋪天蓋地。儘管在媒體的報導中，似乎臺灣的形勢在每一個小時都有一些變化，但其中不變的確是選民態度。選舉變得更加無聊了。而大陸很多人對於選舉結果則更加充滿了疑惑，陳水扁家庭已經出了那麼大的弊案，為何臺灣的選民沒有受到太大影響，難道臺灣選民已經沒有是非觀念嗎？選舉的最終結果是：北藍南綠，與選舉前的情況一樣。選舉後臺灣選民的心理狀態是否產生了根本的改變呢？新聞媒體到底對於選民是否能夠產生實質性的影響呢？

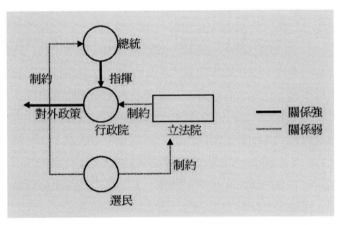

民進黨的對外決策過程。（圖片來源：香港《二十一世紀》網站）

---

[*]　本文發表於《大公報》2006 年 12 月 18 日。

大陸媒體報導過於節制

在選舉結果出來之後，廣州的媒體當天就在報紙中有所反映。《南方都市報》的標題為：國民黨贏臺北　民進黨贏高雄，在報紙的頭版使用兩政黨的標準顏色藍和綠，整體報導較為平和。《廣州日報》則在第四版使用五分之四的版面進行了全面的報導，報導的主標題為：臺北：國民黨毫無懸念勝出，高雄：民進黨千票之差險贏。該報導比較偏重於整體情況前後的比較。整體看來大陸對於臺灣局勢的發展是靜觀其變，不加評論。筆者認為這種態度基本符合兩岸的利益，因為兩岸政策在制定的過程中，一個是趨向穩定，另一個是靈活，直到現在為止，大陸似乎還沒有學會如何應對臺灣靈活的政策，以靜待變是折衷的政策。

大陸最近兩年一直在尋找應對臺灣的政策，這包括同臺商的接觸。但據筆者的觀察，這些接觸很多應該都是無用的。譬如在 2004 年的選舉後，筆者在與很多臺商的接觸當中驚訝得知，其實這些臺商還都是把票投給陳水扁的，其中最普遍的理由是，票投給陳水扁，大陸會持續向臺商釋放善意。也許，臺灣本省人把票投給自己人應該是這些思想的本質。現在看來無論大陸如何做，民進黨都會把它操作成為有利於自己的局面，而真正的問題在於大陸還沒有學會如何與臺灣現在已經形成的多元民主的公民社會接觸。如果大陸持續使用官僚加謀略的政策方式，不對臺灣民眾進行宣傳和引導的話，兩岸僵局還是無法解套的，兩岸間解決問題的快捷方式應該是不存在的。

譬如最近臺灣日月光被美國購併，大陸媒體把此事分析為臺灣無法實現三通後，臺商被迫採取的行動。陳水扁認為，這是外資對於臺灣經濟發展有信心的表現。筆者認為，如果陳水扁的講法是正確的話，陳水扁應該希望臺灣公司都可以被外資購併，屆時擺在大陸面前的應該是大量美國股份的臺商公司，三通則變為大陸和美國的事情，

臺灣領導人就可以成為旁觀者了。儘管這種可能實現的可能性較小，但臺灣政策的靈活度是可以領教的。

媒體無法影響選民

　　對於這樣的選舉結果來講，無論是臺灣媒體還是大陸媒體，在很大程度上都沒有注意到選民的整體情緒問題，臺灣媒體很大程度上都在為國民黨在高雄選舉的失敗鋪陳，希望這樣的結果不要對未來2008年的選舉產生任何不好的影響。這種觀點以臺灣東吳大學政治系副教授盛治仁最有代表性。盛治仁認為，民進黨在北高選舉保住高雄市長，陳水扁是最大的贏家，黨內短期內再沒有人敢出來挑戰他，不過，對民進黨來說，改革勢力卻因為這次勝選無法站出來，民進黨要轉型的可能性越來越少。而泛綠的成員則更認為，民進黨「四大天王」呂游蘇謝的實力又互有增減，謝長廷在高雄的政績不但幫了陳菊，也讓自己在臺北加分，黨主席游錫堃南北奔波，止住了民進黨下滑的士氣，而呂蘇兩人由於沒有吃重的角色，只能說維持了平盤。謝長廷鞠躬的這一刻，「四大天王」的「總統之路」才算正式展開，謝長廷的高雄經驗，為民進黨保住江山，也在臺北拿下比全盛時期更好的成績。

　　在這種各自為自己找出路的意見當中，作為選舉的主體，民眾的意見確意外地消失了。是政黨刻意模糊了，還是政治評論者對此不願意再面對了呢？在這次選舉的過程當中，中間選民沒有被有效地動員出來，是這次選舉最大的看點。似乎中間選民已經完全認識到，不論是民進黨贏得大選，還是國民黨贏得大選，對於中間選民來講已經沒有任何意義了。最主要的原因在於，臺灣經濟的發展並不會隨著政黨的變化而產生根本性的變化，城市個性最後決定了選舉結果。譬如，臺北市在國民黨來到臺灣之後，臺北市公民的很多習慣都產生了變化，用大陸人的眼光來看臺北人的習慣和上海比較接近，對於臺北人來講，如果選擇民進黨候選人的話，那麼，很明顯臺北國際化的速度

將會變緩。但在高雄市情況確有截然的不同，高雄人的樸實和勇猛給到過高雄的人留下深刻的印象，這有點像福建泉州人，在高雄的選舉更加證明了一點，無論是背景非常良好沒有任何貪污的候選人，還是背負很多包袱的候選人，高雄人都會按照自己的意願來選擇自己鍾意的候選人，候選人的清高是沒有用的。

馬英九情況非那麼糟

日本《朝日新聞》報導說，中國大陸正密切觀察選舉結果是否與臺灣修憲朝「獨立」的方向傾斜。另外，也開始質疑國民黨主席馬英九的領導能力。北京當局一直密切觀察北、高市長的選舉結果是否會影響到 2008 年臺灣的「總統大選」等。北京對於主張與大陸改善關係的國民黨能勝選有所期待，但是據北京學者分析，對於這場選舉的結果，北京是冷靜以對。這場選戰，北京最關注的是結果會否牽動臺灣出現「憲改」等朝「獨立」之路走的動向，對於韌性超強的民進黨今後是否會力挽狂瀾再奮起一事，大陸抱持相當大的關注。另一方面，大陸對其暗自寄予希望的國民黨主席馬英九的領導能力，已開始出現質疑聲浪。

其實，在選舉之後，馬英九的情況應該沒有那麼糟，上面只是日本人作壁上觀一貫的態度，而大陸對於國民黨或者馬英九是寄予一定的希望的。最主要的是臺灣已經進入了公民社會的階段，臺灣選民對

臺灣行政單位的廣告，這樣的廣告會非常有效深入人心。

於選舉已經有了非常高的自覺性，新聞對於選民的影響已經非常有限，新聞報導只是候選人人氣的體現，臺灣選民之間似乎正在形成相對的默契。

臺灣的報紙與民意[*]

　　在臺灣最近局勢整體發展中，《自由時報》一直保持冷眼旁觀的態度，《自由時報》脫離民意至此地步，完全有損其作為臺灣第三大報的權威地位。《自由時報》在上個世紀的 90 年代崛起，其崛起的政治策略主軸就是走親李登輝路線，以及經濟策略依靠的是打免費送報、低價格戰、閱報送大獎等等的行銷手法，佔據臺灣的主流報業市場，再加上該報語言比較貼近年輕人，幾年之內《自由時報》和臺灣兩大報系《聯合報》與《中國時報》三足鼎立。

臺灣媒體報導，臺獨派團體昨日發動臺灣獨立紀念日升旗典禮，金門縣政府也降下國旗改升縣旗作為反制，縣長李炷烽強調以此來表達金門心聲，反映金門立場。盼望未來即使有戰爭發生，也不要再降臨在飽受苦難的金門鄉親身上。

---

[*]　本文發表於《大公報》2007 年 1 月 1 日。

站在主流民意對立面

　　許多在臺灣學習新聞的青年學子，曾經讚賞《自由時報》發行量超過傳統親國民黨的兩大報紙《聯合報》與《中國時報》實屬不易，也曾經傾心於《自由時報》針砭時弊的前衛言論，《自由時報》也曾經扮演臺灣青年學子追求言論自由與民主政治的精神導師。遺憾的是，從前民進黨人士批評《聯合報》與《中國時報》是國民黨的黨報，如今《自由時報》也淪為民進黨的黨報，《自由時報》為了維護民進黨一黨之私以及「臺獨」利益集團，已經站到了青年學子和主流民意的對立面，若從最嚴格的人類關懷與社會責任來檢視《自由時報》，《自由時報》現在已經淪為政黨鬥爭的工具，已經脫離臺灣的主流民意，離民眾漸行漸遠！

　　《自由時報》在社論中具有強烈的意識形態的語言，這對於民主化後的臺灣媒體具有很大的諷刺，但不可否認媒體的自由度獲得了空前的發展。例如在 9 月 19 日的社論「罷課？爽了政客、誤了學生、害了臺灣！」中寫到：「在我們周遭，對臺灣年輕人威脅最大的生力軍，莫過於中國和印度的年輕人，……將來，靜坐、罷課的學生無工可做，連罷工的機會都沒有，還能怪誰？……我們在此呼籲，學生應善用獨立思考能力，不要隨任何政治口號起舞，免得浪費青春、耽誤未來。我們也要沉痛地呼籲政治人物，不要用政治污染校園，更不要走上罷工一途，否則，學運、工運狂潮席捲而來，臺灣將徹底脫序而向下沉淪，屆時學生無書可讀，勞工無工可做，政治人物也難逃厄運。」

　　試想如今民智已開，學生有自己對於政治現況的看法，媒體不應過度苛責或威嚇學生，也不該忽視臺灣百萬示威者爭取行使直接民主與罷免權的高度願望。《自由時報》反應檢討自己沒有善盡監督政府與促進族群融合的社會責任。民進黨幾位大老早年在黨外時期也都在學生時代參與過反對國民黨威權體制的政治運動，如今已經取得統治權大位，換了位子就換了腦袋，視民眾的心中信仰與價值為無物，繼

續以各種政治操作來使兩岸民眾情緒產生敵視。那麼「本土」這個極富草根與親民的詞彙，完全已經被民進黨的政治操弄給徹底污染了。

「獨派」報紙分化兩岸

另外，多日以來《自由時報》刻意製造兩岸對立，煽動族群，從而轉移倒扁運動「反貪腐」的核心訴求，例如在 9 月 18 日的社論寫到：「一旦臺灣烽火遍地，恐怕除了中國與少數野心家之外，所有人都必須承擔苦難，蒙受重大的生命財產損失。」在 9 月 16 日的社論寫到：「與專制而限制新聞的中國為鄰，臺灣新聞媒體亦身受其害……」在 9 月 13 日的社論寫到：「此次中國國民黨之甘願附合中共政策主張，以兩岸直航綁架中國人民之來臺觀光，完全暴露了『國共合作』就是『聯共制臺』的本質……」《自由時報》在面對自己的讀者時需要歷史責任感，需要把讀者整體的認識度提高，而不是在報導中偏向將相關的資訊一方面細節進行全方面的透露。

現在臺灣歷史博物館正在舉辦為期半年的「艾爾摩莎：大航海時代的臺灣與西班牙特展」，就不免讓人感覺到臺灣政府強化臺灣主體意識與鼓吹殖民悲情的政治操作，這一點是很矛盾的，一方面臺灣政治人物還樂於沿用繼西班牙之後葡萄牙殖民時期的字眼「福爾摩沙」來形容臺灣，另一方面似乎又在提醒臺灣人臺灣一直處於殖民狀態，如今好不容易當家做主了，千萬不能再讓外來政權或讓中國大陸統治臺灣了。當前臺灣主政的政治人物最喜歡這種政治操弄！臺灣當局這種想要「獨立」又不能「獨立」的狀態，最容易累積仇恨，仇恨才能找替罪羔羊，政治人物最愛這種操弄來轉移治國無方的困境，臺灣政治人物這種操弄會令臺灣很倒楣。

政治操弄比正正經經治國簡單太多，只有貧富差距拉大時階級對立才有市場。前些日子陳水扁又拋出憲法中規定的領土範圍問題，甚至公開發表臺灣與中國互不隸屬、各自為主權獨立國家的「臺獨」傾

向言論，企圖將回應倒扁問題的焦點轉向統獨的修憲問題上打轉，一旦玩火自焚，「獨派」「統獨牌」的政治操弄只會讓臺灣更加邊緣化、族群更加對立分化，嚴重者將陷兩岸於戰爭的危機當中。政治人物與「獨派」媒體的種種煽動言論是最不負責任的表現。

散播極端思想危害大

　　麥卡錫是臺灣政治人物與媒體的前車之鑒。二戰後美國政府對於蘇聯的崛起感到相當不安，再加上對於亞洲政策的頻頻失利導致美國政壇極度恐共，美國政府展開了一系列除共的舉動，包括聯邦調查局搜索媒體編輯部，這令新聞界相當不滿，

比較平和的商業廣告。

1950～1954 年間，美國參議員麥卡錫利用國會的非美活動委員會組織了 600 多次清除共產黨的調查活動，電視一共實況轉播了 17 次此類調查的公聽會。在「麥卡錫主義」猖獗的情況下，突顯的是美國對外政策路線的激烈鬥爭，民眾逐漸對政治惡鬥感到厭煩。政治人物對於國家發展方向混亂所採取的極端主義危害甚大，媒體更不能夠鼓吹極端主義來獲取僅有利於少數人的政治利益。如今《自由時報》沒有就臺灣當局治國無方、高官親信貪污腐敗的問題就事論事，反而不斷上綱到國家認同，不但沒有善盡諫言政策的責任，反而火上加油煽動仇共意識，這只會為兩岸發展增加不利因素，更破壞了兩岸和平共榮共存的美好願望。臺灣是一個言論自由的社會，但如果媒體利用言論自由的社會公器煽動不利於社會公共利益的分離主義與民族仇視的極端思想，那麼媒體將成為社會的毒瘤！

馬英九被控形象更穩定[*]

　　泛藍共識是：在經過訴訟後，馬英九將會成為陳水扁時代的政治受迫害者，馬英九也將會被塑造成另外一個神，這個神將會區別於之前馬英九自己塑造的廉潔形象，這個神的形象更不容易被攻擊，更穩定。

　　據臺灣 TVBS－N 電視臺 2007 年 2 月 13 日 1 點 30 分的報導，關於前臺北市長馬英九特別費案，檢察官侯寬仁以貪污罪嫌將他起訴。最主要的理由是檢方認定首長特支費必須用在公務，但馬英九把 8 年市長任內，高達 1632 萬，不需單據的特別費，全部匯進個人戶頭，卻大部分沒有用在公務上，還申報個人財產，因此將 1632 萬列為貪污所得，必須追繳回。馬英九和秘書余文遭到起訴，檢察官認為馬英九可能是因為制度殺人的關係，讓自己陷入不利狀況，主要是馬英九把每個月不需要單據的 17 萬特別費，直接匯入薪水帳戶，事後並未用在公務上，又拿這些錢來申報財產，檢察官認為這些都是貪污所得，總金額是 1632 萬，其中 1100 萬元有貪污狀況，因此以貪污罪嫌起訴馬英九；至於馬英九秘書余文，則是被檢察官認定偽造文書和貪污 76 萬，因此同樣遭到起訴。

創意型和想像型政治

　　當日下午 2 點 30 分，馬英九召集所有副主席和黨務主管就當前局勢召開中山會報，針對中常會討論的議案先行討論，而下午的這場會議，也將宣佈馬英九是否請辭，以及國民黨是否面對新局面的因應

[*]　本文發表於《大公報》2007 年 2 月 21 日。

對策。國民黨發言人蘇俊賓表示，國民黨內已經做好準備，並持續整合相關意見，至於馬英九是否請辭，蘇俊賓則引用馬英九先前的談話，表示為了重建臺灣社會價值，做負責任的政治人物，這點是無庸置疑的。

根據臺灣雅虎新聞網的調查，國民黨黨主席馬英九因特別費案遭到起訴，請問您認為他是否適合參選 2008 總統？63%的網友認為非常適合，13%認為還算適合，26%認為不太適合或很不適合。

晚上 6 點鐘馬英九在記者會中宣佈請辭國民黨黨主席，並且宣佈參選 2008 年的臺灣領導人的選舉。臺灣整個一天的局勢發展簡直是令人全部大跌眼鏡，據筆者觀察，在廣州的一些知名記者和官員都已經看傻眼，覺得臺灣的局勢發展簡直是不可思議。在這裡筆者卻想提出這種局勢只有在臺灣才會發生，換個地方，任何的公民或者政治人物都會患上精神疾病，這種現象完全無法解釋，而馬英九這種人也只有在臺灣才會存活。那為何呢？

2000 年之後，臺灣的政治局勢發展基本上已經背離政治學常規可以解釋的範疇，這裡包括西方的政治學和中國歷史的宮廷哲學或者密室政治，臺灣政治發展的模式概括來講是一種創意型和想像型政治。所謂創意型政治主要是指這些政治人物完全放棄自己讓臺灣內部穩定和諧發展的責任，而是通過創意政治，讓臺灣民眾參與到和自己平常生活完全沒有任何關係的政治中，臺灣在民主化之後，政府不能夠再強迫民眾參與政治，創意型政治在政治精英的集體操縱之下，臺灣民眾只好喝下這些人製

參加挺扁燭光晚會的大多為中老年人，這些年輕人在挺扁人群中特外醒目。（圖片來源為：中評社）

造的政治嗎啡。比如這次馬英九宣佈請辭黨主席，這樣全臺灣的民眾都開始陷入再次的大討論。

臺政治不按牌理出牌

　　所謂想像型政治主要是指臺灣政治人物本身在自己所進行的政治活動中，並不是按照已經安排好的行程進行，而是加入自己的想像，並在想像的活動中刺激臺灣的受眾，使受眾有更多的參與感，這樣便喚來更多民眾的支持。這種形式包括陳水扁使用

馬英九因「特別費」案出庭，主辯律師宋耀明（右）在庭上給他支招。

的「3‧19槍擊案」，而現在馬英九請辭黨主席也是其中一例。

　　在臺灣任何的明眼人都會看出，這是將屎盆子倒向馬英九的標準動作。當天，無論是 TVBS 還是東森電視臺的新聞節目中，泛藍的「名嘴」在談話節目中沒有一個對此表示傷感，反倒每個人都對此表示不屑一顧。因為任何的泛藍「名嘴」都有一個共識就是，在經過這樣的訴訟後，馬英九將會成為陳水扁時代的政治受迫害者，馬英九也將會被塑造成另外一個神，這個神將會區別於之前馬英九自己塑造的廉潔形象，這個神的形象更不容易被攻擊，更穩定。

　　臺灣政治人物的這種不按照牌理出牌的習慣在陳水扁時期開始，現在馬英九更是繼承了其中的精髓，其中最主要的原因就在於，如果現在馬英九不宣佈辭去黨主席的話，那麼，在接下來的選舉當中，泛綠就會以此為藉口繼續與馬英九進行糾纏，而糾纏的結果就是兩邊候選人的選票將會非常接近，最後綠營將會利用自己執政的優

勢，再次使用一些不上檯面的手段，這樣國民黨不但再次執政無望，而且有分裂的危險。

「外省二代」的政治個性

在馬英九辭去黨主席後，民進黨利用執政的方便對馬英九進行政治迫害的證據現在已經正式形成，這樣國民黨已經實實在在握在手中一張悲情牌。以前每當民進黨在悼念「2‧28事件」中，國民黨也只有道歉、懺悔的份，現在馬英九在政治迫害之下，再次成為一個神，這樣即使國民黨在 2008 年的大選中失利的話，屆時國民黨被分裂的可能性較小。據此，馬英九在歷史上已取得自己的定位，如果說連戰是靠大陸取得自己的歷史定位，那麼，馬英九真算是自力更生了。

另外，作為內地和香港的讀者在看到臺灣紛亂的局勢時，我們必須認識清楚臺灣外省人第二代參與政治中的政治個性是什麼樣的？在 1949 年之後，隨蔣介石來到臺灣的大陸各省的公民，1990 年之前，這些人中的其中一部分人確實在蔣介石和蔣經國執政之下，享有非常明顯的特權，這些政治人物養尊處優的習慣直到現在還時常看到，此時，原來臺灣本省的人才有刻意被壓制的現象。這樣在 2000 年陳水扁執政之後，陳水扁在任何的政治行動中，確實有利用到外省人的政治弱點，這就是臺灣外省第二代領導人中，普遍個人能力偏低，但政治理想和抱負卻異常的高，這一現象包括馬英九在內，這造成國民黨在 2000 年失去政權之後，並沒有放下身段，傾聽來自基層的聲音，國民黨直到現在為止始終是代表著臺北和其它地區的中產階層，但這些中產階層平時非常支持國民黨，但一到選舉時，其投票率非常低。

國民黨中外省第二代的政治人物這樣的個性如果放在其它地區的話，都不會取得任何的成功，但在臺灣，這些政治人物確有其生存的空間，只是大陸可能必須要正視臺灣未來發展中，兩黨政治已經成

為常態，大陸必須要經常接觸不同樣式的民進黨人士，儘管大陸的官員在接觸民進黨人物時普遍未能適應。

筆者與老友陳逸品和在 **Page One** 書店。

中國大陸前景不錯、問題非常多的年輕一代。

臺灣商業媒體監督了誰[*]

　　狹隘的意識形態學說使臺灣人鑽牛角尖。陳水扁樂此不疲地向商業媒體拋出「臺獨」議題，符合商業媒體的基本特性：只問議題，不問是非；只問商業，不問責任；沒有藍綠，只有利益。商業媒體到底監督了誰？

　　2006年的下半年是臺灣媒體與政黨的議題政治操作最為激烈的階段，主軸是為了陳水扁「國務機要費」的問題爭論不休。臺灣的社會似乎被撕裂為兩半，倒扁和擁扁勢不兩立。臺灣去年年底的北高兩市選舉在媒體全面報導紅衫軍倒扁運動的結果之下，選舉結果卻是讓許多人感到意外，就是被認為是貪腐政權的民進黨並沒有一敗塗地。高雄方面民進黨候選人陳菊仍順利當選為高雄市長，臺北市長選舉民進黨的策略也很成功，謝長廷

對於臺灣非常關注的《中國評論》。

與郝龍斌的選票僅相差十七萬張。許多人在思考為什麼會這樣？再加上馬英九今年初竟然遭到檢察官以貪污罪起訴，辭去國民黨黨主席職務，這讓民進黨人暗自竊喜，認為「紅衫軍倒扁、重挫馬英九」。種種跡象均顯示，民進黨和國民黨的基本教義派的版圖均相當穩定。這在某種意義上表明，媒體並非可以絕對改變選民的政治決定，而是僅

能強化或是堅定選民的政治傾向與選擇。選民的自主意識的形成南北有所差異，北部選民的自主意識多來自於自身的教育程度和工作環境，南部選民的意識多受到傳播範圍不到二十公里的地區電臺或是範圍更小的人際傳播的影響。

南部不受主流媒體影響

那麼臺灣媒體的影響力到底體現在哪裡呢？筆者在臺灣南部觀察時發現，商業電視臺的新聞影響力是以有線電視臺為主，但是有線電視的收視群主要集中在北部地方，而南部鄉鎮地區與山區架設有線電視的地方相當有限，以收聽社區電臺（包括非法架設的地下電臺）和收看無線電視的娛樂節目為主。換言之，臺灣主流媒體的影響力主要是在北部地方，南部地區的生活反而不受主流媒體的影響，大多數基層民眾的消息來源是一種人際傳播或是二級傳播，擁有較多資源的意見領袖成為人們的消息來源。這些意見領袖一般而言是選舉時的樁腳，他們可能是村里長，也可以是一些雜貨店老闆、市場攤販主、或是理髮店師傅，有時也是計程車司機和電臺節目主持人。

議題操作影響中間選民

如果從臺灣幾次大選結果來看，臺灣藍綠各三成的基本盤應該比較固定，中間選民最後是否去投票的決定反而成為媒體和政黨鎖定影響的對象。臺灣媒體的發展已面臨困境，商業媒體過於注重議題政治，不重視政策分析。新聞報導的手法中出現許多風向球的做法，使得媒體的報導不再以事實為基礎，而是以如何製造新聞事件為主，所以新聞顯得異常混亂，弄致民眾越來越不信任新聞報導，記者的形象與士氣變得越來越低落。北部地方還有一些中間民眾是不願意收看這些政治類型的新聞和節目的，他們心中早有定見，關心的是自己的工

作和收入，過度混亂的政治鬥爭和議題新聞讓他們不願意投票，只有在選前出現關鍵事件時，他們一方會猶豫不投票，另一方傾向的中間選民，則是投出自己關鍵的一票支持自己早有定見的候選人。

中評社臺北 12 月 15 日電／邱毅上午到「監察院」檢舉周占春釋放陳水扁，途中被民進黨支持者扯掉假髮。邱毅「重整容貌」後接受記者採訪，他表示，覺得這是一個預謀，但他並不會因此被打倒，也不會跟這些人計較。邱毅說，在民主社會中，這行為實在是匪疑所思。

中評社臺北 12 月 15 日電／根據臺灣《蘋果日報》所做的最新民調，73.67%臺灣民眾贊成檢方對法官裁定無保釋放陳水扁提出抗告，不贊成的只占 20.51%。

注：有效樣本：790 份，調查日期：12 月 14 日，調查方式：電腦語音輔助訪問，調查機構：《蘋果日報》，抽樣方法：以全臺住宅電話為抽樣母體編冊隨機抽樣

中評社快訊／13日淩晨，陳水扁獲法庭釋放。等到皮鞋送來後，陳水扁立刻與記者見面。他表示「感謝臺北地院法官作出釋放的裁定」。

外交部長歐鴻煉12日應邀在高雄縣義守大學專題演講時，以實例強調「外交休兵」策略已初見成效。（圖片來源為：臺灣中央社）

　　從商業邏輯來看，臺灣媒體頻道過多，內容不足，造成惡性競爭，是一種市場秩序失控的表現；從政治邏輯來看，頻道開放是一種官商勾結的現象，政治和商業利益集團各取所需。

　　臺灣公共電視臺目前發展的概況是以小而美為主，目前經營的經費主要是由政府捐贈為主，銷售節目版權和社會捐助為輔。公共電視目前發展的瓶頸大抵有兩點，其一是目前臺灣兩黨已經進入一種割喉的戰況，年底立委選舉和明年「總統大選」勢必仍是民進黨和國民黨

議題爭鬥最為激烈的階段，公共電視目前尚在萌芽發展階段，公視新聞不會在現階段介入兩黨鬥爭，也不願意對現階段執政者做過多尖銳的批評，因此不可能發展成為像是英國廣播公司（BBC）那樣獨立監督政府的第四權機構；其二，仍是與臺灣在轉型為民主社會階段中政黨鬥爭有關，目前公共電視九億新臺幣的預算是編列在新聞局之下，但是法律規定這筆資金必須直接捐給公共電視集團，新聞局不能對資金運用進行審核，因此公視完全擁有獨立使用權。

公視格局應大而遠

在這種情況之下，不論是民進黨與國民黨，都認為公共電視的高格調會使政黨的勢力很難介入其中政治操作，因此兩黨的立委都不會積極主動為擴大公共電視發展而立法或是擴編預算。公共電視雖然不用為資金來源發愁，但是公共電視的發展不應僅滿足於公正客觀或獨立自身於社會之外，公共電視的節目格局不但要小而美，也應大而遠。

民進黨自 2000 年意外執政之後，一直面臨人才缺乏的困境，不論是公務體系與傳媒體系的人才皆必須仰賴國民黨執政時期所培養出來的人才，這些前朝人才穩健或是保守的思想與做事方法，顯然與民進黨政治新貴差距很大，後者身段柔軟、草根性十足，不過經常自視甚高，選舉戰術過多但對臺灣發展大方向戰略不足，這使得民進黨執政之後反而陷入少數者決策執政的反民主現象。將來民進黨長期執政的芒刺將會是在它的意識形態上，因為以前反國民黨統治只是反臺灣少數的特權集團，但是反中國大陸將會是與中國大陸的十三億人口為敵，臺灣執政者必須想清楚。民進黨內的傳統「臺獨」主張的意識形態學說須面臨調整，它的意識形態學說必須要調整為一個具有族群包容性的機制，並且融入源遠流長的中華文化的正當性才能永續生存。

民進黨執政反民主

　　臺灣畢竟是與大陸福建沿海相為鄰的孤島，並不是兩百多年前美國與英國相隔大西洋的遠鄰關係，臺灣與大陸的友好將可使臺灣發揮聯繫亞洲的中樞樞紐的功能。臺灣的真正主體意識應該是海納百川的全民社會，任何一個執政黨應該將臺灣帶往全民社會，而不是被少數「臺獨」集團控制的傀儡。目前臺灣人普遍感覺到前途不明朗，狹隘的意識形態學說將會使臺灣人繼續鑽牛角尖，陷入痛苦不堪的思想深淵當中。

　　如此南北部消息來源的差異，陳水扁樂此不疲地向商業媒體拋出「臺獨」議題，符合商業媒體的基本特性：只問議題，不問是非；只問商業，不問責任；沒有藍綠，只有利益。因為商業媒體的新聞與政論節目越是把討論焦點放在這些「臺獨」議題，越是轉移中間選民對民進黨執政不力的弱點，屆時恐怕民進黨總統候選人又要借著議題的炒作，煽動臺灣人的情緒，順水推舟走向總統寶座了！商業媒體到底監督了誰？

NCC 成為臺政治角力目標[*]

　　2006 年 7 月 21 日，臺灣司法院大法官會議作成釋字第 613 號解釋，宣告國家通訊傳播委員會（NCC）組織法第 4 條第 2 項至第 4 項關於 NCC 委員產生采政黨比例制之規定違憲，該組織從民國 98 年 1 月 1 日起失效。宣告違憲理由正是：「政黨比例制」違反責任政治及權力分立原則；政黨比例制剝奪行政院長之人事權，即實質上將其移轉由立法院各政黨（團）與由各政黨（團）依其在立法院所占席次比例推薦組成之審查會共同行使，影響人民對通傳會應超越政治之公正性信賴，違背通傳會設計為獨立機關之建制目的，與憲法所保障通訊傳播自由之意旨亦有不符。臺灣媒體業者為此司法決議陷入了一種思想矛盾的狀況：自由與民主是否無法並存，臺灣媒體的整體發展方向缺乏一條明確的道路！

蔣經國英文秘書馬英九（圖片來源為：香港鳳凰網）。

---

* 本文發表於《大公報》2007 年 3 月 20 日

馬英九當兵時理了個平頭。
（圖片來源為：香港鳳凰網）

馬英九擔任臺北市長期間，在新年
晚會上以「貓王」扮相自娛娛人。
（圖片來源為：香港鳳凰網）

馬英九夫婦年輕照片。
（圖片來源為：香港鳳凰網）

蔣經國英文秘書宋楚瑜。
（圖片來源為：香港鳳凰網）

陳水扁和吳淑珍。（圖片來源為：香港鳳凰網）

臺灣媒體缺乏方向

　　對於許多臺灣的廣播電視業者而言，最大的壓力莫過於來自政府單位的換照審議和執行的權力。換照的過程影響著臺灣廣播電視業者和投資人的信心，一旦政府和這些媒體業者之間缺乏有效良好的溝通，媒體在很大程度上必須仰賴新聞局的關愛眼神，這樣媒體很難在新聞報導上揭露政府醜聞。如此一來，媒體的政治運作和商業炒作能力將大為降低，媒體將會失去與政府和政治人物妥協的籌碼，這對於臺灣已經熟悉商業運作的媒體而言，無疑是一項巨大的壓力。這也就不難理解，為何媒體業者希望成立獨立於政府之外的傳播委員會。臺灣的通訊傳播委員會的組成方式就成為政黨之間與媒體角力的場所。臺灣的媒體是希望 NCC 能夠成為媒體的保護傘，這樣一來，執政的民進黨感受到備受媒體批評的巨大壓力，不過民進黨仍是在瞭解商業媒體慣於議題炒作的傳播生態之下，屢屢以拋出議題政治的運作方式，讓商業媒體炒作議題到最後使中間選民感到厭煩了，這是臺灣媒體整體缺乏方向的體現與困境。

　　NCC 從成立初期到運作至今爭議不斷。2005 年，臺灣 83 家衛星有線電視面臨六年一次的審議換照，初審時有 23 家電視臺未通過，引起傳媒介的震撼，媒體業者感受到前所未有的經營壓力。當時東森新聞 S 臺等未通過換照審查而停播的後續效應持續擴大，也讓當時儘快設立 NCC 的呼聲再度受到重視。因此，媒體業者普遍批評行政院新聞局利用有線電視換照干涉新聞自由，均認為應該儘快成立通訊傳播委員會，取代新聞局的管理權力，以阻止政府機關的手伸入媒體，但相關立法卻因朝野間對組成委員會的方式應否採政黨比例制意見相左而爭議不斷。2004 年元月公佈實施的通訊傳播基本法第三條第一項明文規定：「政府應設通訊傳播委員會，依法獨立行使職權」。當初設想成立 NCC 的目的是要避免政府力量的介入和單一政治勢力的影響，故利用政黨之間的制衡以達委員會內部制衡之目的，確保委員會

公正行使權力。只不過，若完全採政黨比例制卻有遭單一政治陣營控制的風險，亦非理想辦法。但是臺灣媒體陷入了當初認同的「黨政軍退出媒體條例」的困惑當中。

「政黨比例制」遭詬病

只能說，過去國民黨和媒體過度保護自己的利益，如今，不管怎麼看，親綠的選民都很難認同 NCC 組成方式的設計主張。雖然各界希望 NCC 由立場公正、不受政治干擾的專業人士組成國家通訊傳播委員會，在制度設計上利用制衡機制防止政治壟斷，而非仰賴對政府或個人的信任，但實際情勢卻是名單仍由政黨推薦，握有政治權力者必然會企圖加以控制。臺灣許多新聞業者認為，國家通訊傳播委員會的成員全由政府提名任命，其實與現狀無異，將不能解決任何問題。其次，目前的媒體和學術生態，政治力介入已經十分嚴重，全由媒體專業人士組成委員會也難期公正，亦無法建立社會信任，故退而求其次采讓政黨參與，特別要求同一黨籍的人數須受限制，仿照中選會組成方式，其委員有政黨推薦者，但法律限定其同一黨籍委員人數不得超過五分之二，又如公平交易委員會，其委員同一黨籍不得超過二分之一。也就是說，在現有的委員會組織中，已有讓政黨參與但限制其比例以求其內部制衡的制度。

臺北大學公行系助理教授陳耀祥認為：要求依照政黨比例分配委員，扭曲及混淆「政治決定」與「專業判斷」的分際，造成「政治決定」的委員會通常是合議制的行政機關，例如中央選舉委員會對於各種選舉時間、競選方式、投票方法等的決定，就是典型的政治決定，為避免特定政黨進行選舉操作，委員可以按照政黨比例產生。但是造成「專業判斷」的委員會，其委員是由專家組成，對於管轄事務進行專業上的決定，基本上是獨立的專家委員會，如「行政院公平交易委員會」及 NCC 都是屬於此類。為保障此種委員會的超然獨立，制度

設計上都是儘量排除政治或財團等其它社會利益團體的干預，所以委員享有任期保障，不得任意撤換、不受總統或行政首長指揮監督、不得從事政黨活動等。而且，為避免單一政黨的操縱，對於委員中同一政黨人數設有限制，且採取合議方式以形成決定。

泛綠選民不認同 NCC

　　如此一來，NCC 現行的組織方式是按照「政黨比例制」產生，這顯然與臺灣有線衛星電視法中規定的「黨政軍退出媒體條例」相違背。民進黨顯然抓住國民黨的弱點，借著「黨政軍退出媒體條例」抨擊國民黨處理中視、中廣、中時報業等「三中」黨營媒體不正當的窘境；另一方面，利用 NCC「政黨比例制」原則中國民黨委員多數控制的情況，民進黨在 NCC 包庇國民黨處理「三中」股權轉移的壟斷問題，進行議題製造，形成國民黨仍控制傳媒和圖利利益集團的印象。這可以說，民進黨相當成功地抓住過去國民黨執政時期所留下來的一些優勢，進行議題抨擊，這樣更加強化了過去親綠選民對國民黨享有壟斷地位與特權的舊有印象，再度凝聚了泛綠選民的團結意識。這只能說臺灣媒體仍在不敢得罪綠色利益集團和民進黨政府的生態中尋找生存的浮木，國民黨和媒體之間頗有相互依存的味道！

臺地下電臺成催票工具[*]

　　民進黨很多地下電臺，宣傳很多自己的政治理念。在臺灣選舉已經進入五五對峙階段，選舉已經變為每票必爭的地步，在未來一年間，臺灣地下電臺的發展值得關注。

　　在臺灣社會，每到選舉時地下電臺就成為臺灣媒體和海外媒體的關注點。最主要的原因就在於，當 2004 年臺灣選舉前一天發生的「3‧19」槍擊案後，臺灣南部的地下電臺就開始大範圍的廣播，在地下電臺的影響下，最終臺灣領導人的選舉最後翻盤。最近北高兩市選舉中，再次因高雄市發生「走路工事件」（就是選舉中出現國民黨有買票的嫌疑）後，地下電臺的作用再次成為媒體關注的焦點。

催票作用顯著

　　現在民進黨在臺北的媒體擁有量是非常有限的，基本上在臺北民進黨和國民黨擁有媒體的比例為二比八，而在臺灣南部的地下電臺兩黨的擁有比例為四比六，應當說在地下電臺的擁有量來比，民進黨還不是很多。既然如此，為何地下電臺能為民進黨催出那麼多的選票呢？可以說，地下電臺不能夠被消滅的主要原因，就在於地下電臺仍有營利空間，而且，政治作用顯著。

　　臺灣地下電臺應當說是臺灣社會在轉型中出現的問題導致。臺灣南部在 80 年代之前還基本處於農業社會階段，這樣本來在南部很多漁港內出入的漁船本身，就有使用局部廣播的習慣，這些習慣在臺灣社會 80 年代的轉型過程當中，被用來傳播政治思想，可以說這些地

---

[*]　本文發表於《大公報》2007 年 4 月 2 日。

下電臺本身的受眾大約只有一千到兩千名,他們基本上請一些年長者到電臺做節目。

這樣,一方面可以節約節目經費,另方面還可以讓這些小範圍的受眾有親切感。在地下電臺發展初期,國民黨在臺灣南部有很多支持的樁腳,而部分樁腳基本上就可以靠地下電臺來獲得經濟利益,而民進黨很多地下電臺倒是比較具有政治性的,宣傳很多自己的政治理念。這樣我們就可以理解為何在政治鼓動上,親民進黨的地下電臺較具有選舉戰鬥力的原因了

南部電臺多政商勾結

另外,南臺灣有很多社區電臺,這些社區電臺在沒有獲得營業執照前,就開始在居民點或者大學社區裡進行廣播。這些社區電臺的發展在政治上來講就比較平和,但就商業利益來講,他們涉及政商勾結。在選舉時,這些社區電臺就會進行催票,其作用不容小覷。

由於臺灣的廣電媒體一直採取私營模式,有限的廣電資源配置給少數的業者,形成媒體自然的集中與壟斷,一般人絕少有機會使用媒體,更不會認為自己有權利要求使用公共的廣電資源。

「9‧21」地震發生後,不少人慨歎臺灣地方傳播體系不完整與匱乏,以致受災地區消息及全臺救災資訊未能有效的傳達。在臺灣傳播政策中,並不是沒有規劃地方媒體的建立與使用,問題在於臺灣的傳播媒介過於商業化與自由化的思考邏輯,對於地方性的媒介及聲音未予以重視,對於地方政府申請以服務民眾或救災專用的頻道,卻不能有適當機制優先於商業性考慮。造成各縣市雖有中、小功率廣播電臺及有線電視臺。不過,這些原本屬於地方的廣播電臺,除了少數資金來源較為穩定有正規經營者外,很多都被收編為集團的聯播網成員,播出全臺一致的資訊內容與流行樂曲,或是淪為個人出售節目時段牟取商業利益的工具,真正可以供民眾接近使用的,少之又少。

現實催逼電臺轉型

　　自從 1993 年中、小功率電臺開放後，臺灣已有 170 多家合法的廣播電臺，另外還有 160 幾家地下電臺的存在。現在的問題是，臺灣媒體對行政單位如何使地下電臺消滅感到有興趣，我們可以從媒體高度關注 NCC 主任蘇永欽的舉動可以看出來。

　　這幾年間臺灣政治環境明顯改變，民眾的政治熱情退去，地下電臺在合法後無法再靠民眾的捐款維持營運，因此許多電臺在理想與現實拉鋸中轉手易人；在現實催逼下，政論訴求的電臺也務實地轉型成為商業電臺，使電臺勉強存活下來。就是這個原因，獲准籌設的電臺大多捨棄了原設臺的理念，轉而成為不折不扣的聯播網，或名存實亡的「賣藥電臺」。所以草根性濃、中低階層的民眾顯然未獲得滿意的服務，社區服務、公益性及公共論壇亦未能普及落實，讓那些地下電臺業者有託辭可以義正詞嚴的說他們是在實現公益與行使言論自由權力。

圖臺灣警方破獲數家地下電臺後繳獲了大批電臺設備，非法廣播取締不易。
（圖片來源：gb.cri.cn/）

　　非法廣播電臺為何經電信總局取締後一再復播？其原因，必然是違法經營大於被取締的損失，業者才會甘冒風險復播。非法廣播電臺一再復播未能杜絕原因：一是，部分閒置頻段存在未完成開放、且多以人頭頂替設立非法廣播電臺，以致於取締後復播情形無法根絕；二是，電信總局取締移送之案件，獲判不起訴、無罪或罪責輕微（六個月以下徒刑）的比例高達 99.3%，且多判處罰金刑或緩刑，無法達嚇阻作用；三是，非法廣播電臺設置地點隱密，電波無味無影無色，需監測方位，處分對象需搜證，再申請搜索票，進行取締作業及查扣器材，該程序所需時間約二周，往往取締之速度不及復播速度（快者二至三天即可復播）；四是，非法廣播電臺業者於電臺附近廣佈眼線，等電信總局人員至附近搜證時，立即停播，提高搜證難度；五是，有業者強固防禦工事，設置捕獵陷阱等，皆造成取締之困難；六是，資深廣播人員無其它求生技能，也難為新開放電臺所聘用，一心一意想自己擁有電臺，故持續不斷的違規複播。

　　臺灣很多的地下電臺已經合法化，臺灣現在存在的很多地下電臺基本上都是以「賣藥」為業，但在臺灣選舉已經進入五五對峙階段，選舉已經變為每票必爭的地步，在未來一年間，臺灣地下電臺的發展仍值得關注。

　　中評社臺北 12 月 9 日電（記者　鄒麗泳）2008 年總統大選敗選之後，謝長廷沉潛一時間，今天重出江湖。外界焦點仍鎖定陳水扁話題，謝長廷表示，現在陳水扁還沒有被起訴，媒體評論及人民審判都很不應該。他話鋒一轉說，他也在等起訴書出爐，看看哪些是真？哪些是假，如果現在急著講評，是不對的做法。謝長廷指出，民進黨有錯，也已經下臺了，陳水扁有錯，也要接受司法審判，陳水扁現在不是總統了，沒有特權，應該靜靜受審，建立法制。不過，如果當權者有清算的想法或做法，就跟人民審判一樣，在還沒起訴之前應該無罪。謝長廷上午與前行政院副院長葉菊蘭、前新聞局長姚文智、卡神

楊蕙如及前立委徐國勇等參加，影子政府與綠色和平電臺《有影上大聲》帶狀節目記者會後，接受媒體詢問作了上述表示。

野草莓又回到自由廣場，但場面已經縮水許多，但這應該是新生代和政府溝通的新方式。（圖片來源為：中評社網站）

參選 2008 年失利的謝長廷重拾廣播主持棒。（圖片來源為：中評社　鄒麗泳攝）

馬英九競選腹背受敵[*]

臺灣《中國時報》報導，馬英九4月2日明確宣示，若特別費案一審判決有罪，他仍會參選到底，因為依法律三審定讞後才會喪失參選資格，馬英九同時還拋出副手條件說，本省籍、性別不拘、中南部精英等，他在搭乘臺灣高鐵前往臺南時強調，若初選出線仍優先徵詢民意機構領導王金平出任副手，至於其它人選，必須等王金平有了決定後，再另作考慮。

對於馬英九未來的副手，國民黨政策會副執行長鄭麗文的看法則是相反，她說，馬英九開出這三條件，顯示「馬王配」已很難成局；馬英九沒有王金平搭配，國民黨要贏得2008年領導人選舉更加困難。同天反貪腐運動總部舉行記者會，宣佈將發起二次倒扁，並醞釀籌組第三勢力，施明德說，除了王金平比較有包容性，其它人看不到包容性。一切跡象顯示，馬英九的競選策略確實出現問題，才會導致現在的腹背受敵的窘境。

馬被定罪增可能性

2月13日，當國民黨黨主席馬英九遭到檢方以貪污罪和詐領一千一百一十七萬新臺幣特別費遭到起訴後，馬英九在記者會上表示，對此感到痛心疾首，完全無法接受檢方的指控，同時馬英九還宣佈辭去黨主席，並宣佈參選總統。由此臺灣的政壇巨大的變化，使得大陸的

---

[*]　本文發表於《大公報》2007年4月9日。

讀者完全看傻了眼，因為這在任何的國家和地方如此迅速處理，是完全不可能發生的事情，以新聞媒體所披露的事實情況而言，這完全是雞蛋裡挑骨頭、打擊政敵的行為。但據臺灣相關智庫的成員表示，如果僅根據馬英九的案件本身而言，馬英九一審定讞，被判有罪的可能性是非常高的；二審是否維持原判還很難講，但馬英九長期所積累清廉形象已完全破滅。

很多的大陸和香港的讀者在解讀馬英九問題時，常常把民進黨經常操弄的「臺灣獨立」的議題混進來，做出整體情勢的判斷和未來走向的評估。實際上，現在應該是民進黨利用臺灣的現實情況進行的技術性短期的操作。這種操作的技術性在於，陳水扁執政之後，臺灣的檢調系統在審理政治人物的案件時，存在司法不公正、不獨立的印象，這已經深入臺灣民眾的心裡，檢調人員希望通過馬英九的案件改善形象的心理相當迫切。檢調人員的心理平衡點就在：即使一審宣佈馬英九有罪，其刑期也不過幾個月，而且馬英九要上訴的話，在社會的壓力之下，二審完全可以宣判無罪，檢調人員的形象確可借此保存。

筆者到臺灣參訪，看到臺灣各界分析馬英九事件之後，發現就實際情況來講，臺灣政治人物的貪污情況並不十分嚴重，只是隨著臺灣內部政治鬥爭的加劇，使得原來的灰色地帶案例變為有罪，這有點「無罪變有罪、小罪變大罪」的味道。譬如，臺灣銀行前總經理何國華在2001年因為拿女兒婚禮的發票去報公關費，被檢方起訴，而且二審被判半年刑期，這基本上是馬英九案件的小型翻版。

無論是何國華還是馬英九、陳水扁都有一個共同心態：法定的公關費、特別費到國務機要費，都是自己的私房錢。何國華是用在自己女兒婚禮上，馬英九就通過銀行存起來，而陳水扁則讓自己的老婆用來購買鑽戒等奢侈品。

臺北看守所對面的牆面，今天突然多了一幅塗鴉，畫陳水扁背著十字架。
（圖片來源為：中評社黃筱筠攝）

臺灣官僚體系自肥

　　整體上臺灣政府裡的公務人員在臺灣機關工資沒有明顯的增長的情況之下，自己就為自己增加了很多自肥的灰色條款，這如果在沒有政治鬥爭的情況之下，還不會有太大的問題。但民進黨在選舉中經常採用割喉戰的情況之下，這些議題被拿來進行炒作已經成為常態，在這樣的環境之下，如果大陸政府介入臺灣的局勢，都會產生無法想像的災難性後果，也就是說，現今臺灣局勢其混亂也存在平衡，臺灣絕對不會到崩盤的結局，我們不需要在兩個打的眼紅的人之間勸架，這是不明智的。

　　對於大陸政府來講，適當與民進黨進行高層接觸是有非常必要的選擇，如果感覺和一個有「臺獨」傾向的政黨接觸確實有困難的話，那就選舉前接觸，選舉中不接觸，選舉後再讓對方解釋選舉語言，並讓對方做出保證。臺灣現在已經陷入美式選舉的陷阱中，那就是臺灣領導人真正做事的時間只有兩年。那麼，現在看來，大陸和臺灣談判

的時間點應在 2009 到 2010 年，如果不提前佈局的話，否則屆時兩岸又得多等五年了。問題是，如果民進黨再次執政，我們有如何呢？

臺教育部今天動手開始拆中正紀念堂牌樓上的「大中至正」四字，將用「自由廣場」四字取而代之。「自由廣場」的新牌子已經運抵，但是由於拆字遇到技術困難，工程暫停，「自由廣場」四個大字只能被晾在中正紀念堂附近的草坪上。「自由廣場」四個大字仍然是黑色的，採用東晉書法家王羲之的字體。

灰色地帶太多

　　臺灣政治發展的問題是「頭痛醫頭、腳痛醫腳」。比如，當時臺灣基隆市市長許財利在取得選舉勝利之後，被控貪污，而實際情況是，當時許財利得知市機關要在半年之後徵用市內的一塊閒散土地後，利用當地的一名商人首先購買了這塊土地，然後轉手賣出後獲利3000多萬新臺幣（合800萬港幣），這在香港也不過是千尺住宅的價格，在臺灣這樣的行為基本上是處於灰色地帶，司法單位做出快速判決是政治環境使然。

　　在臺灣有個非常有意思的現象就是，在臺北的媒體很少去討論不利於馬英九的新聞，但在南臺灣天天都醞釀如何對付馬英九的環境，這樣在馬英九一旦出事的情況之下，南臺灣的民眾馬上就可理解泛綠

高雄市愛河畔再現藍綠政治角力看板／臺灣高雄市愛河畔再現藍綠政治角力看板，國民黨猛打執政經濟「青筍筍」，呼籲換黨執政，民進黨立委管碧玲強調「創造高雄時代」，兩相對照形成強烈的對比。

媒體對於馬英九的攻擊，因而，民進黨雖然掌握的媒體雖然很少，但卻很有效，對此，國民黨對外卻很少宣傳。

　　大陸媒體同樣存在問題，就是不瞭解彰化以南，臺灣民眾的心理，而僅僅滿足於表面上請來幾個泛藍的名嘴解釋局勢，臺灣的政策經常是在內部快速的形成共識，並且會在大陸沒有任何善意的基礎上，共識有快速瓦解，但最終的受害者是臺灣，政策的穩定度是現任總統馬英九最注意的問題。過去，我們對於臺灣報導不準確是有自知的，現在，當我們請來幾位泛藍的名嘴做解釋的話，反倒對臺灣的理解偏差更大。大陸的問題是對於臺灣的善意措施還太少，其主要原因是大陸內部各部門在對臺灣政策的協調上還存在問題，制定積極有效的對臺灣協調機制是到 2012 年為止，大陸政府最需要做的努力。

臺媒體為選戰自相殘殺[*]

　　TVBS 出現假新聞，應該說並不是一件偶然的事件，是新聞體制轉型中必然出現的現象。在大選之前，打擊媒體如同打擊該臺支持的特定政黨，降低該臺對另一政黨負面新聞的殺傷力，同時瓦解選民的信任。臺灣電視媒體自相殘殺不利於自身的良性發展。

　　這回臺灣知名的新聞專業電視臺又出問題。在藍綠惡鬥的大前提下，臺灣政治人物和媒體之間的攻防戰就此展開，在這裡我們需要思考的問題是，臺灣的電視媒體為何經常出現所謂假新聞。現在看來，與其說這是 TVBS 一家電視臺的問題，不如說在臺灣大選之前，臺灣電視媒體的體制和法制出現了問題。

記者處境窘迫

　　臺灣電視媒體基本上的體制為政黨所有。公共傳媒和商業媒體，臺灣有線電視臺基本上都是由原來稱作的「第四頻道」演變而來，而政黨所有的媒體現在基本上已經處於衰退狀態。雖然公共傳媒一直為臺灣媒體學者所推崇，但其中有一個問題是臺灣媒體人所必須要面對的，那就是在形成一個正常的、能夠監督政府的公共傳媒之前，臺灣傳媒必須要形成一個能夠進行內部有效管理的管理團隊，另外還須要一個能夠不為外界誘惑的專業記者團隊。因為記者是一個非常特殊的行業身份，政治記者常常可以接觸到政治高層，經濟記者每天都在和世界上最優秀的 CEO 打交道。在這樣的情況之下，要想記者保持自身的專業性，是一件技術難度非常高的挑戰。

---

[*]　本文發表於《大公報》2007 年 4 月 18 日。

「總統府」三個字對很多人而言，不再是戒備森嚴、遙不可及的軍機要地；在全
面民主化之後的臺灣，我們無論是親身逛逛總統府或進入「總統府全球資訊網」
瀏覽，已經如同「走灶腳間」般輕而易舉，我們希望經由這樣與總統府接觸的方
式，讓總統府的空間進一步解嚴，也讓總統府更平易近人。

　　臺灣電視媒體在商業運作為主的前提之下，記者依靠自己的社交
能力搞獨家新聞成為新聞報導的主要形式，像這次 TVBS 內部出現記
者說明黑幫製作錄影帶的案例，我們須要首先確認這則新聞是否是假
新聞。從現實與新聞的關係來講，這則新聞應該屬於一則立意錯誤的
報導。因為當這些記者還沒有利用自己的名氣參加或主持節目獲得額
外收入的機會，這樣「獨出心裁」的報導就變成了不得已而為之的可
能。這是臺灣記者處境窘迫的一種反映。

　　「總統府全球資訊網」多年來一直努力朝向下列的目標，也就是
希望能夠達到互動性、方便性、可看性、即時性、服務性、教育性、
特色化及國際觀等八大要求，以提供網友最佳的服務品質。「總統府
全球資訊網」成立於民國 85 年 2 月 1 日，除了日常資訊內容的維護
更新，我們也積極舉辦各類網路活動，例如：首頁設計比賽、兒童有
獎徵答、寫信給總統（或副總統）、網路民意調查、教師節感恩徵文、
親子繪畫及寫生比賽、網路有獎徵答、網路票選、辨識別字擂臺賽、

總統府開放參觀網路徵文比賽、總統與長青族群視訊互動、「總統府之美」攝影比賽等等，這些求新、求變的做法，主要源於「擁抱改變，成就無限」的理念。我們誠摯地希望，「總統府全球資訊網」在提供資訊服務與互動之餘，也能讓所有上網者對總統府這棟近百年建築物的「人」與「事」，隨時都有「耳目一新」的感覺。

白宮網站比較偏重於國際事件和總統的親和度。

中國大陸政府網站比較強調新聞的權威性。（網站聲明：本網站內容由中央和地方各級政府、政府網站以及相關單位提供。任何媒體、互聯網站和商業機構不得利用本網站發佈的內容進行商業性的原版原式地轉載，也不得歪曲和篡改本網站所發佈的內容。本網站所涉及到的版權歸本網站所屬。本網站提供的資料如與相關紙質文本不符，以紙質文本為準。任何媒體或互聯網站不得擅自轉載本網站由其他單位提供的資訊和服務內容，如需轉載，必須與相應提供單位直接聯繫獲得合法授權。中央政府門戶網站編輯部）

臺灣政府網站開始偏向於服務性，但民眾瞭解不多，媒體更是很少報導，甚至媒體記者本身都不是很瞭解。

新聞操作有問題

　　在 TVBS 的 2100 全民開講的節目中，媒體人陳揮文認為：政治、財經、生活、社會通通一樣，採訪新聞回來 On Air 之前，一般只有攝影記者看過錄影帶，這就是臺灣新聞製作狀況。

　　TVBS 現今是臺灣經歷最長且囊括最多新聞記者團隊的商業新聞專業電視臺之一，TVBS 出現假新聞，應該說並不是一件偶然的事件。臺灣在媒體發展中出現的假新聞應該是新聞體制轉型中必然出現的現象。臺灣媒體最近十幾年的新聞報導基本上，出現的假新聞比較少，然而亂報新聞、新聞娛樂化卻是非常難以整理的亂象。如今在大選之前，在這個特殊的時機點上新聞操作遭人爆出醜聞，對 TVBS 的新聞公信力和記者士氣打擊很大，應當說這種新聞操作是臺灣所有商業電視臺的共同現象，打擊媒體如同打擊該臺支持的特定政黨，降低該臺對另一政黨負面新聞的殺傷力，同時瓦解選民的信任。

最初，筆者以為臺灣出現的媒體亂象是政治在轉型中出現的必然現象，而媒體本身並沒有太多的責任，媒體中存在的亂象，只是媒體無奈的選擇。但筆者在臺灣考察之後發現，發現臺灣媒體亂象是臺灣整體在轉型中出現的問題的綜合反映。

臺灣行政單位在媒體的管理當中的規定是非常詳細的，如果電視臺播放與事實不符合的虛假廣告，只要查證屬實，NCC 會寄上罰單，並限期改正。

例如，筆者前面文章提到的地下電臺成催票工具，搞電臺出身是蘇煥智而非林佳龍（現特此更正）。在 1994 年遭臺灣新聞部門的訴願決定書當中判決先行試播的罰鍰處分。臺灣的廣播電視臺和政黨政府部門之間平時相處還可以維持一定的和平氣氛，一到了選舉前容易出現黨同伐異的激烈抗爭，以凝聚自己的士氣和打擊敵營的士氣。

民意機構無作為

臺灣媒體發展中出現的最大問題同樣是法規問題，很多在美國學習新聞的學者回到臺灣，這些學者最大的願望是將美國新聞自由體制直接引進入臺灣，這樣美國新聞體制中「要想自由，先要立法」的

臺灣的中央通訊社同樣對於臺灣的發展做出忠實記錄，但民眾同樣瞭解不多，甚至覺得這是一些沒有用的資訊。

思維自然就進入臺灣領導人的視野當中。新聞法規的建設在美國等國家應該是一個漸進的發展階段，這一過程是發生在一百年前，但在其它發展中地區，卻存在政治不穩定的問題，這樣就會導致新聞在立法

之後，如果無法再進行不斷的修正的話，那再好的願望和初衷都會導致災難性的後果。

對於這一點，在俄羅斯就有前車之鑒，當初總統葉利欽希望以法律為基礎，建立俄羅斯的新聞自由，但後來葉利欽發現法律基礎之上建立新聞自由是緣木求魚，因為所有的政治秩序混亂會使新聞操作更混亂。

臺灣的問題同樣如此，那就是，臺灣管理媒體的法規的修改，在臺灣民意機構長時間無作為的情況之下，臺灣新聞法規的修改嚴重滯後，這樣導致新聞亂象產生，最後所有監督性新聞在各方勢力綜合作用之下，變成羅生門，不了了之。

臺灣新聞局網站資訊更是豐富，表現力活潑，可閱讀性高。

行政單位的網站體現出人性化特點。

不利自身良性發展

　　筆者一直在思考臺灣商業媒體在整個社會中所扮演的角色和社會責任到底是什麼？當TVBS發生協助黑道拍攝嗆聲影帶事件後，雖然第一時間新聞高層就親上火線說明，做危機處理，不過這對其它電視臺來說，可是一個打擊對手、刺激收視率的大好機會，明明也才剛播過「嗆聲影帶」的各家電視臺，都儼然一副正義之師的樣子，對TVBS大加撻伐，群起而攻之。弔詭的是，TVBS的收視率反而衝上新高。

　　不過對其它在第一時間沒有拿到獨家的電視臺來說，這下除了有一個打擊對手的好機會外，更可藉此刺激收視率，圍剿起TVBS絲毫不手軟，東森、民視、三立等電視臺立即在談話節目中對TVBS大加撻伐，東森直指TVBS事件儼然是新聞圈的「醜聞」，還引述網友的話說TVBS就像幫賓拉登拍影片的半島電視臺。三立「大話新聞」則以之前的瀝青鴨事件，批評TVBS總是「自導自演」。媒體人陳立宏稱：這個新聞電視臺是用製造，用假新聞來當作自己頭條，大吹特吹的一個電視臺。而中天，除了緊咬T臺嗆聲影帶事件外，還不忘消遣東森不久前鬧出「腳尾飯事件」的烏龍，現在卻大力批評TVBS。

　　現在臺灣電視媒體自相殘殺不利於自身的良性發展。在 2008 年
後，無論哪個黨執政，對於新聞法須要進行不斷的修正，如果民意機
構無作為的話，那就直接利用行政令代替執行一段時間，直接踢開在
野黨，但這樣臺灣又可能出現政治強人了。

臺灣 NCC 網站，對於新聞法規的可閱讀性，表現力比較弱。

臺灣行政部門的主要網頁，體現出資訊公開的特點。

今日新聞網站。

在美國的中文多維網站。

臺新聞專業遭扁府破壞[*]

　　臺灣三立電視臺黨同伐異，已經從之前打擊泛藍媒體，燃燒到打擊民進黨黨內不同派系。將來恐怕還會鬥爭到臺灣不同族群，最後的結果是臺灣的民主和經濟一起葬送，剩下的是貧窮落後的專制社會。

　　民進黨立委候選人沈富雄一句話：「媒體人都有價碼！」意外引發媒體之間的大戰！沈富雄在參加電視節目錄影時與資深媒體人陳立宏當場大吵起來，這讓許多臺灣媒體人開始認真地檢討現在臺灣媒體的困境。謝長廷打敗蘇貞昌贏得黨員總統投票的初選結果令人跌破眼鏡。現任副總統呂秀蓮頻頻上各家電視臺的節目表示自己已經忍耐某些媒體的報導很久了，她指稱電視臺批評她而又不讓她上節目澄清。初選落敗的蘇貞昌及民進黨立委，也都表示三立電視臺對他們報導不公。然而民進黨這些立委從前對這些綠色媒體一向都比較保護，為何現在才跳出來批評？媒體人又為何感受到前所未有的危機？

綠營對 NCC 的抗議。

---

[*]　本文發表於《大公報》2007 年 5 月 22 日。

泛綠電視臺黨同伐異

　　綠色電視臺的受眾群本來就定位在民進黨的支持者，當然對民進黨員具有很大的影響力。三立電視臺儼然已經操控了綠色選民的政治意識了，這點是泛藍媒體不可能做到的事情，因為泛綠選民根本不信任泛藍媒體的言論，所以泛藍媒體不具殺傷力，但是泛綠電視臺對綠色選民的影響力就不同了。現在不論民進黨黨內的不同派系或是泛藍媒體都已經感受到三立電視臺對未來臺灣所帶來的災難。許多媒體人與評論員都擔憂三立電視臺這種黨同伐異的敵對作法，已經從以前打擊國民黨與泛藍媒體，燃燒到打擊民進黨黨內不同派系的同志，將來恐怕還會鬥爭到臺灣不同族群和政治立場歧異的民眾，最後的結果恐怕是臺灣的民主和經濟一起葬送，剩下的是貧窮落後的專制社會。現在泛藍政治人物和泛藍媒體關注的是：三立電視臺是否已經淪為特定政治人物與政黨的打手，完全不顧新聞專業道德的最後底限。

　　廣電基金會執行長林育卉，曾擔任地下電臺綠色和平電臺的主持人，在上一屆總統大選中替陳水扁造勢晚會月臺主持，被質疑以媒體人身份參與政治事件與活動當中已經違反新聞人的職業道德。被臺灣人視為媒體榜樣的《紐約時報》，反對媒體人直接參與具體的政治活動或遊行抗議。TVBS 前新聞部總經理、主持人李濤表示，可以接受媒體有立場，但是不認同「大話新聞主持人」鄭弘儀採訪陳水扁時，連續五次追問陳水扁是否還堅持「寧有媒體、不要政府原則」。因為在 TVBS 發生自拍黑道嗆聲影帶之後，陳水扁向 NCC 喊話說：是要 NCC 關閉電視臺，還是要人民關閉電視臺。造成 TVBS 被泛綠民眾包圍電視臺長達一個月（三立電視臺有引導政府關閉 TVBS 的輿論傾向）。李濤認為媒體人非常不該慫恿政府關閉電視臺，這已經超過媒體人之間最後的信任原則。

最後一期美麗島雜誌。

彭明敏教授偽裝出國的樣子。

當時臺灣截然不同的口號。

當年臺灣的《時代》雜誌。　當年臺灣的軍事法庭。

鄭南榕所言，臺灣的另一種深具閩南文化的小國寡民思維。

臺灣人很熟悉的美麗島大審畫面。

新聞價值觀遭破壞

臺灣媒體人的新聞底限就是：媒體自己不能介入新聞事件本身操作或是直接扮演新聞當事人的打手。媒體人扮演的角色至少有兩個基本功能：其一是傳遞資訊和提供事件背景的橋樑，讓民眾有判斷事件的背景資料；其二就是對事件進行來龍去脈的分析，幫助民眾瞭解事件可能產生的影響與因果關係。因此不論是橋樑角色或是分析角色，媒體不能直接參與到新聞事件當中。新聞報導的客觀性是避免媒體介入政治利益或財團利益當中而出現偏頗情況，導致危害公眾利益；監督性則是為了監督政府政策且反映民情，讓民眾有參與政治行為的公共平臺。

因為臺灣並不存在所謂的「國家媒體」，臺灣的媒體基本上分為公共電視臺、黨營媒體和私人企業所有的商營媒體，所以商業化運作目前仍是臺灣媒體生存的模式。在沒有「國家媒體」的情況之下，沒有哪一家媒體可以有特權去「總統府」看「國家機密」或是可以取得檢調機密。臺灣商業化媒體的運作到現在已經認同政府的資訊必須對所有媒體同時公開，媒體與政府的互動模式保持著一種利益共生但卻又相互畏懼的關係。過去電視臺為了收視率，製作節目的議題比較刺激，雖然民眾批評電視節目畫面和報導過於煽情，商業媒體有收視市場也不願意改變製作模式。如今媒體戰爭延燒到媒體之間，因為三立電視臺的節目有引導政府關閉 TVBS 的輿論傾向，迫使 TVBS 危機意識抬頭，開始呼籲媒體人重視新聞專業和倫理道德為訴求，試圖重建臺灣的新聞價值觀。

「三立」積極支持謝長廷

三立電視臺在過去半年內相當積極地支持謝長廷，在這次民進黨黨內初選之前，沒有人會過度關注三立電視臺為何如此大剌剌地支持

謝長廷。現在不論是政治人物或是媒體人，忽然覺悟到三立黨同伐異的威力。三立為何支持謝長廷？三立為何能在臺灣廣告市場萎縮的情況之下還能壯大起來？這些原因必須從謝長廷擔任「行政院長」時期說起，自那時候起三立電視臺居然被新聞局包養起來，直接等待新聞局給錢做節目，但是三立電視臺是民營電視臺，並不具備公共電視臺的資格，怎麼有權利獨享新聞局的製作經費呢？

　　根據《聯合報》5月11日的報導指出，三立電視臺與三立電視節目「大話新聞」製作公司，全力製作，在謝長廷執政期獲得了千萬的標案——「行政院長」向「人民報告書」，當時的主持人就是現「大話新聞」主持人鄭弘儀。另外，《聯合報》引用江連福立委辦公室資料顯示，包括「向人民報告書」節目，政府委託三立的標案還包括新聞局的「二二八事件紀念專輯」、「臺灣水果有 GO 贊」廣告、今年農委會的「九十六年度農林業電視新聞專題、塊狀節目及宣導短片制播」等等，在謝長廷任內及任後，三立電臺已經被政府給包養起來。對於這種情形，以前其它媒體自己只能歎氣，現在當同業友臺居然鼓吹關閉電視臺的輿論導向，讓媒體人最後一道新聞價值觀的底線遭到破壞殆盡，媒體人自然無法忍受。

馬英九執政後，人權問題似乎又回來了。

臺專業媒體人反撲

在以往的情況來看，臺灣商業
電視臺與政治人物的關係都是相
互利用與相互敬畏的，政治人物如
果是政府首長或是具有新聞賣點
的立委一般都能得到記者的採
訪。但是問題是，電視臺的時段與
版面有限，礙於收視率和廣告時段，
媒體不會照單全收的播放或刊登。此
外，媒體對政府習慣以批判口吻報導

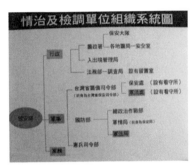

臺灣複雜的情治系統使得媒體同樣得到特
權，其中包含對於行政單位的醜化色彩。

問題，政府不可能進行正面宣傳，更遑論從頭到尾把話講清楚。在這
種情況之下，謝長廷擔任「行政院長」時以一千萬讓三立電視臺製作
「人民報告書」，就可以讓媒體拿錢辦事了！這就是沈富雄口中的「媒
體人都有價碼！」這意外引發媒體人自律的思考，許多媒體人都表明
自己只賺車馬費，因此還可以堅守新聞專業原則，還不至於淪落到被
包養或收買的地步！這些年來三立電視臺食髓知味，直到這次電視臺
終於打擊到民進黨自身和新聞界，才引起臺灣新聞界的覺醒與反撲。

當年的反共標語。

臺灣地下電臺影響選情[*]

臺灣地下電臺賣藥物，也叫「賣藥電臺」。在上個世紀 90 年代，臺灣南部民眾收入大幅增加，大量電臺開始出現，但很多節目不能迎合南部人的收聽習慣，這樣非主流的賣藥電臺便橫空出世，這些人數眾多的非主流民眾借賣藥電臺找到自己發聲的空間，左右臺灣選情。

臺灣地下電臺在整體運行當中基本上以售賣藥物為主，因而地下電臺的別稱也叫「賣藥電臺」。臺灣在上個世紀 70 年代以後，經濟發展迅速，在 90 年代，就宣佈自己已經進入已開發地區，但臺灣的南部民眾的收入儘管大幅增加，生活和活動還保持原有的特性，臺灣發展迅速之後，大量電臺開始出現，很多知識份子或者新聞專業人士製作的節目不能迎合南人的收聽習慣，這樣非主流的賣藥電臺便橫空出世，這些人數眾多的非主流民眾借賣藥電臺，終於找到自己發聲的空間。

情緒激動的主持人。

---

[*] 本文發表於《大公報》2007 年 7 月 3 日。

圖片來源：聯合報。　　　　原載臺《中國時報》2006 年 11 月 28 日。

地下電臺受眾在農村

　　在臺灣經濟三十年快速發展之後，最近幾年發展停滯，這使得很多主流民眾的收入減少。同樣，醫療系統也面臨同樣的問題，很多非主流民眾在醫院裡未能夠得到很好的醫治。筆者就曾在臺灣著名的臺大醫院排號，一個上午竟然有上百人在排號，這與北京醫院非常相似。如果在電臺裡得到賣藥主持人諮詢的話，那種舒暢的心情可想而知。臺灣賣藥電臺有生存空間，就更可想而知了。

　　在臺灣中南部農村，當你打開收音機，地下電臺的賣藥節目十分盛行，這種充滿草根味的廣播賣藥節目，以一種親切、本土化的聲音切入廣播市場，受到特定聽眾的歡迎，主持人操著聽眾熟悉的閩南語，節目依靠「叩應」來吸引聽眾的注意。

　　與一般主流廣播節目不同的是，這類賣藥節目的內容設定，大多依賴叩應（call- in）聽眾要求調整，並讓聽眾暢所欲言，並無議題限制。無論聽眾提出健康問題諮詢、或者點播點唱歌曲、聊天、時事評論以及藥品諮詢，主持人都樂於接受。不但如此，聽眾亦可改變節目

流程，完全以聽眾為主進行節目製作。這種以聽眾為尊的情況，在主流媒體中難以見到，也正因為如此，廣播賣藥節目通過賣藥讓主持人與聽眾、聽眾與聽眾之間建立起感情，彼此成為「空中的好朋友」。

在每天播出數小時的廣播賣藥節目裡，聽眾與主持人間彼此問候、意見分享、理念傳達。到選舉時候，這些主持人的語言就會判若兩人。

賣藥是手段和工具

廣播賣藥節目為維持營運，在節目中販賣藥品，這種行為突破了傳統的醫病關係，主持人在節目中傳達健康資訊與用藥概念，聽眾透過電話訂購，不必出遠門，即有專人將藥品送達家中，或者透過指定藥房即可買藥。聽眾的購藥行為除了是生理治療，也隱含對節目的認同。

值得注意的是，由於法令的限制，廣播賣藥節目販賣的藥品少見「治癒疾病的西藥處方」，而多為「養生保健的中藥」。

在廣播電視的研究中，廣播賣藥節目似乎不受主流廣播電視學術領域的青睞，就如同賣藥節目難吸引主流聽眾一樣。有相關文章探討長期被忽略的廣播賣藥節目的運作過程及特色，這使得所謂主流受眾和媒體人對於這些賣藥電臺的輕蔑，在歷次選舉中，非主流受眾手中的選票卻打破了傳播或新聞學理論。這就是我們看到的，非主流同樣會強烈發聲，左右臺灣選情。

行銷藥品是廣播賣藥節目的重要任務，藥品銷售好壞關係著廣播賣藥節目媒介系統中各個組織經營的基石。或許不少聽眾不信任主持人推銷的藥品，但不可否認，還是有許多買藥的聽眾在支撐著廣播賣藥節目的經濟命脈，因此在廣播賣藥節目內容的設計上，主持人多會為聽眾提供一些「好康報你知」的實用生活資訊，資訊內容大多穿插健康資訊，尤其是當報章雜誌上出現與節目中販賣的藥品療效相關的

資訊時，更深受主持人的喜愛，因為播報這些健康報導有助於藥品的銷售。

與非主流聽眾交朋友

聽眾購藥行為支撐了廣播賣藥節目的生存。如此沒有專業醫療設備及人員的廣播賣藥節目，如何吸引聽眾買他們的藥、吃他們的藥？即使是非購買者，也把廣播賣藥節目視為生活中重要角色，把節目主持人及其它聽眾視為好朋友，這種情感是非常特殊的。

由於新電臺的組成分子，不全然擁有廣播媒體人的背景，各行各業的菁英亦適時投入廣播陣容，造成相當大的質變，使得平靜的廣播天空風雲變幻。

雖然廣播賣藥節目中的叩應內容主題廣泛，健康議題在該節目佔有舉足輕重的地位，從經濟面剖析，廣播賣藥節目為了藥品銷售，主持人難免藉健康話題與其販賣藥品扣連，在不違反醫師法的安全範圍底下，對叩應聽眾提供建議，讓聽眾感到滿意。

對於許多聽眾來說，主持人是否為醫藥專業人員並不重要，重要的是主持人對聽眾表達的關懷之意令他們感到貼心，這有別於專科醫生為求病人數量而無法充分與病人互動，或者病人本身畏懼醫生權威、怕問錯問題，導致無法充分瞭解自身病情及得到心理上的關切及安全感，形成病人不願赴醫院接受醫生診療，改以其它方式得到醫療說明的就醫文化的情況。

弱勢族群大受影響

另外，臺灣地區城鄉差距大，醫療資源配置不均，尤其偏遠地區民眾無法得到良好的醫療照顧，許多人就轉而求助隨時傳達健康資訊的廣播賣藥節目，繼而對節目產生依賴。

　　當主持人在節目中回答叩應聽眾關於健康議題或藥品相關話題時，會巧妙地與販賣藥品做連結，順便為藥品宣傳。根據聽眾訪談顯示，廣播賣藥節目主持人所提供的健康資訊影響聽眾行為甚劇，購藥行為或許因為主持人將藥品與健康概念結合而讓聽眾產生購買欲。

　　臺灣賣藥電臺的存在，在某些方面體現出全球化中弱勢族群如何生存的問題，臺灣陰差陽錯藉選舉把這個問題表面化，因而無論是國民黨還是民進黨都應該盡力安撫臺灣的弱勢族群，政黨惡鬥，不會有任何好結果。

臺報衰落扁乃始作俑者[*]

　　臺灣報紙發展放棄了和兩岸融合的佳機，轉而投入過度都市化和商業化的美國媒體模式，知識份子辦報的底線在 2000 年後全面潰散，資源人才拱手相讓，陳水扁可以說是臺灣媒體惡質化競爭的始作俑者。

　　最近，臺灣的一些人又在忙著臺灣加入聯合國的問題，對此，無論是大陸還是美國都給予高度的重視。按照慣例，臺灣的媒體對此一定會開始高強度的論戰。但非常奇怪的是臺灣

《遠見》是臺灣另一本權威財經雜誌。

的媒體無論是《聯合報》、《中央日報》網路版、《中國時報》還是《自由時報》、《蘋果報》都沒有太大篇幅的報導，評論反倒增加很多。這說明這項政策應該只是大陸和美國更加關心的議題，而臺灣人本身對此並不十分重視，此時香港電視傳媒則經常出現危言聳聽的報導，甚至一些軍事節目的預告更加危言聳聽。大陸和臺灣媒體內部的「筆桿子」交流非常少，這是非常遺憾的。

知識份子辦報成為歷史

　　臺灣政治大學傳播學院院長羅文輝教授在《媒介使用與政治資本》一文中就指出，電視、報紙與網路的影響力對「政治體制」的預

---

[*]　本文發表於《大公報》2007 年 8 月 8 日。

測力有限，媒介使用內容則對政治資本有較高預測力。報紙新聞可以顯著預測政治態勢、意見表達、選舉走向、政治知識與政治興趣，但無法預測政治的真實發展。電視政治新聞可以顯著預測選舉參與、政治知識與政治興趣，但無法預測政治事件、意見表達與政治的真實發展。網路政治新聞則能預測意見表達、政治知識與政治興趣，但對政治事件的發展其它三個面向則無顯著預測力。整體而言，「媒介使用內容」變項對政治體制的預測力遠超過「媒介使用時間」。另外，就對政治體制的瞭解而言，傳統媒介的政治功能超過電視、網路等媒體。

臺灣《遠見》雜誌發行人王力行在接受筆者的採訪中就談到，目前在臺灣能夠生存的報紙媒體是不容易的，中時把晚報給關掉了，然後去做中天電視臺。臺灣報紙廣告發行量一直往下降，廣告量也往下降，現在處於一個非常混沌和危險的狀態。臺灣基本上是一個非常小的市場。過去動不動百萬份的大報的那個時代已經過去。但臺灣解除戒嚴、報禁開放後，大報過去三十幾年培養的人才、資源如何處理呢？臺灣在兩岸關係中牛步前進，2000 年後財團開始進入媒體，臺灣報紙發展放棄了和兩岸融合的佳機，轉而投入過度都市化和商業化的美國媒體模式，知識份子辦報的底線在 2000 年後全面潰散，資源人才拱手相讓，陳水扁可以說是臺灣媒體惡質化競爭的始作俑者。

臺北法院裁定陳水扁當庭釋放，陳水扁明顯消瘦，頭髮也長了。（中新網 12 月 14 日電　因涉嫌貪污等罪遭羈押 32 天的陳水扁，13 日凌晨獲無保開釋。他簡單向媒體說明後，隨即回到臺北寶徠花園廣場的寓所。當天下午 2 時許，前往臺北市南京東路理髮，直到 4 時 25 分才步出理髮院，共計花費新臺幣 3800 元。）

陳水扁隨後驅車前往臺北市南京東路理髮，換了新髮型。另據《中國時報》報導，陳水扁週末假日會待在寶徠花園寓所休息兩天，並和家人聚聚，不會發表談話，也不見客，一切活動待週一正常上班後再安排。屆時，陳水扁就會赴扁辦與幕僚、律師會商，面對接續的法庭論戰，並接見拜會人士。原本扁辦規劃的「臺灣建國會議」，也將在陳水扁主導下如期舉辦。

兩岸融合可挽衰落現象

　　國民黨在這八年的時間，由於臺灣逐漸形成了比較熱門的 M 型社會，也就是說中間階級開始縮小。那些富有的人不去投票，過去的中低層和藍領開始崛起。過去臺灣定義的中產階級是月收入六萬臺幣以上的，但是現在藍領的月收入由原來的三四萬通過加班等相關手段，增長到五萬到七萬。這樣一個類中產階層的產生，對臺灣而言，是一個新的動向，這一階層的民眾在思想上還保持著勞工的特色，這樣民進黨利用自己執政黨的資源，變相政策收買這一階層的民眾。現在看來，這一政策還是非常有效的。據調查看，民進黨在這一階層的執政基礎應實質上處於擴大狀態。而國民黨作為百年老店，反應非常緩慢，並沒有注意到臺灣這樣的巨變，以及其未來的執政基礎正在萎縮。

李登輝搞黑金政治

　　王力行認為：臺灣解除戒嚴、開放報禁、黨禁後，第一份辦的報紙不是國民黨黨系的報紙，而是康寧祥辦的《首都早報》，辦了一段時間就停掉了。後來就開始了《自由時報》的創建。臺灣整個發展在國民黨時期雖然有戒嚴法，在政治上有些約束，但是在經濟方面是開放的，那時經濟改革就比較容易，臺灣的大企業主或者有土地的都是本省人。所以李登輝接任後，李登輝對本土的做法和前任區別非常大，之前有土地的人也就是炒土地而已，李登輝時代發展為鈔票換選票，那麼黑金政治就是從那時候開始，由於國民黨體制運作上出現漏洞，受益者是李登輝，但帳卻算到國民黨身上。那時《自由時報》的創辦人就是在土地開發賺了錢之後，開始投資報紙。而《聯合報》和《中國時報》還保持知識份子辦報和看報的習慣。

　　臺灣的媒體無論是報紙、廣播還是電視現在基本上面臨著雙重夾擊，首先是來自外地媒體發展普遍不景氣的問題，尤其是報紙在網路的壓縮之下，其嚴肅報導的閱報率開始動搖，受眾對於一些傳統領域新聞開始變得興趣不大，報紙的教育和傳播功能正在逐步縮小。在臺灣內部，政黨惡鬥，使得報紙必須表現鮮明的立場，立場中立的報紙則受到來自行政單位的巨大壓力，因為臺灣中間選民的走向會成為決定未來選舉勝利的關鍵因素，臺灣一些報紙的主筆都對此深表遺憾。

「去中國化」壓縮報導空間

　　臺灣報紙、廣播和電視其實還存在發展的巨大空間，這一巨大空間就存在於兩岸問題上。對於兩岸問題，儘管臺灣的報紙、廣播和電視都非常關注，但其深入報導解決矛盾的報導卻少之又少，比如，臺灣綠營的人認為臺灣商人到大陸經營的商人賠錢的居多，這在《自由時報》裡會經常看到，但大陸的官員則認為，如果臺商賠錢的話，為

何這些人不回臺灣？在這裡，就需要大量的深入報導，包括對於大陸深入瞭解。如果臺灣不過度搞「去中國化」的話，兩岸的媒體人聯手發展媒體，提高媒體的管理水準，是可以幫助臺灣媒體度過困境的。

　　對於這些，內地和香港就有前車之鑒，在「一國兩制」的前提之下，很多香港行政和財政官員在離職之後，馬上進入內地任職，提高內地的行政管理和財政管理的水準。不可否認，臺灣媒體人在某種程度上，確實專業精神較為保證，兩岸確實需要實質交流。但現在臺灣媒體對於大陸的報導，除了旅遊、飲食、文化外，其餘基本上都是負面報導，即使是正面報導，其報導的內容則有過於諂媚的嫌疑。這就在於，臺灣媒體的報導基本上都是記者坐在飯店等非事發現場寫成，沒有太多的專業和解決問題的精神。

臺灣政治人物處病態期[*]

　　陳水扁、謝長廷、馬英九都面臨黨內的嚴重挑戰，為了贏得尊重，並不是臺灣最需要解決的「入聯」問題就被提了出來。馬英九不在如何具體落實經濟問題上做文章，而採用非常簡單、近似於條件反射式議題競賽。這是國民黨選舉錯誤的開始，國民黨以後的選舉將會更加艱難。

　　日前在澳大利亞進行國事訪問的國家主席胡錦濤，在坎培拉會見旅澳華人、華僑代表及使領館人員的講話中，用了近3分鐘講到臺灣問題。胡錦濤主席說，實現祖國的完全統一，是海內外中華兒女的共同心願。我們堅持以最大的誠意，盡最大的努力，維護臺海的和平，

3月8日，由臺灣「反公投入聯行動聯盟」進一步聯合社會各界團體擴大組成的「拒領公投票社會聯盟」在臺灣「立法院」外舉行「拒領公投票，回歸正常選舉，反對公投入聯」的大型群眾集會。(圖片來源：www.chinapressusa.com)

---

[*] 本文發表於《大公報》2007年9月11日。

促進兩岸關係的健康發展。近一段時期，臺灣當局頑固堅持「臺獨」分裂主義，極力推動所謂的「入聯公投」，推動以臺灣名義「加入聯合國」，是「臺獨」分裂主義。胡主席在這次談話中指出了臺灣現在問題的本質，但對於這一點，現在已在選舉之前民進黨和國民黨殺紅眼的政治人物，是否能夠聽進去，還要在後來的形勢發展中觀察，但臺灣的政治人物已經呈現病態卻是一個不爭的事實。筆者認為評論臺灣，現代的觀點已經不合用，反倒是傳統西方政治經濟學的觀點非常適用解釋臺灣的政治局勢。

政黨政治日益衰退

現在在臺灣加入聯合國仍存在問題的前提下，臺灣逐漸重返國際組織才是臺灣政府首先面對的問題，2009 年馬英九在臺灣加入 WHA 上取得巨大成就，這表明臺灣逐漸重返國際組織是政府的事情，不是全民運動。如果臺灣內部進行的改革不能夠展開的話，也許通過群眾運動的展開能夠解決。「加入聯合國」現在已經成為騷擾臺灣民眾生活的假命題，如果讓臺灣受眾選擇，現在臺灣行政單位或者政黨把要解決的問題排順序的話，「入聯」是否能夠排入前五名都是值得懷疑的。

臺灣 2000 年選舉的旗幟。

陳水扁就職和媒體的報導。

《自由時報》對於陳水扁的期望，雖然最後沒有實現，但很有一些理想主義色彩。

在 2000 年後，臺灣政黨政治處於衰退期，政黨對於民眾的束縛越來越少，而且以民意代表作為特色的政治人物的尊嚴已經蕩然無存，幾乎每一個臺灣公民都會有民意代表進行「關說」的經驗，所謂「關說」簡單來講就是花錢辦事。筆者的一位臺灣朋友就講，在 2004 年之前，大陸對於民進黨所釋放的那麼一點善意並不理解。其實，在臺灣政黨衰落的今天，臺灣政黨所做的已經非常有限，過去國民黨所實行的威權統治的政治人物到大陸所展現的，應該是一種假像。實質上，臺灣中青年政治人物很少到大陸，這使得兩岸的短暫交流起到的作用非常有限。

面對選舉驚惶失措

按照政治家 Francis P. Renaut 1922 年在巴黎出版的兩卷《獨立戰中美國人的宣傳政治》，以及拉斯韋爾在 1930 年芝加哥版的《精神病理學與政治學》的研究標準，我們可以看出，臺灣兩黨使用的選舉策

略，完全符合戰爭狀態的宣傳策略。簡單的講，那就是臺灣政黨在特定時間使用特定手段，對於特定受眾進行特定宣傳，並取得政治人物希望的特定效果。對於這一奇特現象，臺灣新聞傳播學者的研究基本很少見。這在臺灣政治大學知名教授馮建三的談話中就可以看出。馮建三教授指出，現在能夠真正安心研究臺灣媒體與政治的學者已經不多了，人才更少。

　　這次在臺灣領導人選舉之前，無論是民進黨還是國民黨都加入了臺灣「加入聯合國」是否進行「公投」的選舉口號競賽。之前國民黨的部分政治人物認為，在歷次的選舉中，國民黨經常陷入選舉被動當中，因為國民黨的穩定臺灣政治局勢的主張經常被民進黨利用，陷入「是否愛臺灣」的困境當中。這基本上是一個相互矛盾的悖論的集大成者。筆者認為這是國民黨在 2004 年大選之前採用積極議題戰的一種延續，在 2004 年臺灣選舉中的議題戰基本上是臺灣政治評論員、前民進黨文宣部主任陳文茜所力主的選舉政策。這種表面上很爽的選舉政策，在「319」事件之後，已顯得不堪一擊。顯然積極的選舉政策國民黨並不適應，現在國民黨內部所堅持一定要贏的政策，同樣是國民黨內部政治人物對於前途無確認感的具體表現。

偷天換日博取尊重

　　美國新聞傳播學的重要代表人物、芝加哥學派的創始人查理斯拉斯韋爾在 1936 年出版的《政治學》一書中就指出了作為政治精英的特點和責任。拉斯韋爾指出在危機的早期階段，堅定與仁慈、體諒多於殘忍的政治人物會一馬當先加速前進，因為群眾早已變得嚴重焦慮和不安，這樣溫文爾雅的人要比火爆人物受歡迎。真正的政治人格是一種複雜的成品，他們應該學會在公共事務組成的世界中多所作為，以便減少周邊環境製造各種壓力。

　　有些政治人物在自己的親密小圈子裡一旦受到挫折，就會轉到更大的環境中尋求表現。當然，這些行動在很大程度上會使用大量「偷天換日」的戲法，而且這種戲法會隨著時間的過去而變得合法化。

　　拉斯韋爾指出，政治人物會給人們暗示他們的行動並不是以行動本身為目的，而是為了上帝的光榮，為了家庭的神聖，為了「國家」的「獨立」，為了「階級的解放」。總體而言，政治人物為人民塑造了一種非常極端的環境。在極端環境中的政治人物，將不會受到周圍環境中任何具體事物的約束，這樣政治人物對那些在科學、藝術和技術中可以辨別的最普通常規都會毫不在意，他們關心的只是客觀事物對他們贏得尊重所具有的意義。

國民黨錯誤的開始

　　可以看出，民進黨和國民黨的作為完全符合拉斯韋爾的論述。陳水扁、謝長廷、馬英九都面臨黨內的嚴重挑戰，為了贏得尊重，並不是臺灣最需要解決的「入聯」問題就被提了出來。馬英九不在如何具體落實經濟問題上做文章，而採用非常簡單、近似於條件反射式議題競賽。這是國民黨選舉錯誤的開始，國民黨以後的選舉將會更加艱難。

　　國民黨的政治人物始終沒有搞懂，那就是民進黨可以玩的遊戲或者謀略，國民黨是不能採用的，因為畢竟在臺灣實行威權統治的政黨是國民黨，而民進黨最多也只是混亂管理，因而國民黨現在為了選舉而實行的一定要贏的選舉策略是絕對錯誤的，而且這種策略無論是由本省人還是外省人來執行，效果都一樣策略。如果選舉失敗，國民黨在臺灣的立足點將會大失。準確的講，國民黨正在利用激烈選舉策略，進行黨內革新，但這是一種非常危險的傾向。

臺灣面臨文化失根危機[*]

　　臺灣也未考慮到以本土化作為全球化過程中，能否抗拒全球化下的「文化普遍同化主義」，是否導致「失根效應」或「文化虛無主義」，只求「去中國」之心理滿足，虛耗能量，難以前進的後遺症恐怕難以避免。

　　全球化議題已經成為吾人乃至全世界各民族國家所關心的最重要的議題之一。全球化從商業層面中所產生的現象，例如巨型跨國企業所具有的龐大資金流、人才流、商品流、技術流優勢，激起小本資額的中小企業的憤怒與危機意識，全球化似乎演變成為強凌弱、弱肉強食、適者生存的演化論現象。弱者與小者如何在叢林中找到自我生存的空間與法則，成為全球化過程中的重要問題。例如德國社會學者貝克所謂「包含式主權的想像世界，取代了排除式主權的想像世界……民族國家行動者透過跨國合作成功地增加了更多的經驗和公有財富，他們就贏得了更多的政治建構空間。」

共同記憶是文化核心

　　全球化不僅產生了物質表層的商業霸權問題，更引起了文化層面的深層次的反思問題，那就是在全球化的強勢文化衝擊之下，所產生「在地文化保護主義」意識抬頭的現象。在今年三月臺灣元智大學全球政經文化高等研究院暨通識教育中心所舉辦的「全球在地化趨勢與議題」國際學術研討會中，該校人文社會學院院長劉阿榮教授在「全

---

[*]　本文發表於《大公報》2007 年 9 月 20 日。

球在地化與文化認同：臺灣文化認同的轉化」論文中指出，英國倫敦政經學院史密斯教授對民族記憶與文化認同之間的關係做出推論：如果記憶對認同有核心作用，我們看不出有正在形成全球的認同，也看不出用世界主義膚淺文化取代現存深厚文化的集體遺忘症。無論霸權國家怎樣利用全球化潮流在大眾傳媒領域、藝術、教育或是日常生活方式加以滲透，那種精英文化帝國主義和世界主義的主張，正在受到人們質疑。

元智大學通識教育中心主任、機械系主任王立文教授認為：當代全球化的文化論述主軸是強調各民族、區域的文化，應該以各自民族文化為本，搭建一條或多條可以通往世界地區文化的橋樑，暢通向外傳播、向內輸入的雙向溝通、互動管道。在這種文化相互傳輸交際的構想之下，發展出了「全球本土化」（glocalization）或譯「全球在地化」議題的論述。

先「懷鄉」才能放眼全球

王教授認為「全球在地化」可以有幾個重大的面向：第一，放眼全球、著眼本土的反思與認知。反思自我與他我文化的優劣得失，從事自我文化的修正與調整；第二，操之在我的文化選擇主動權。強調本土文化面臨全球文化衝擊與競爭時，應具有充分自主的主動選擇權，能夠斟酌自己的狀況，選擇自己嚮往與喜好的事物；第三，深化自我文化的情感與文化解釋。在與異文化接觸時，以他文化為鏡，重新發現自身文化的特性和優點；第四，文化地方主義的反全球化現象。這是緬懷過去光榮歷史、固執自我的形象認定，即使面臨挫折依舊堅守自己文化價值的一種「懷鄉」情感與態度。面對臺灣「全球在地化」的文化落差與文化認同危機，王立文教授提出以儒家文化為基調，建構臺灣「全球在地化」的文化認同體系與文化精神符號。劉阿榮教授即表示：「全球在地化」隱含雙重概念：一方面是全

球化改變了「在地」文化的特色；另一方面，也促使了「在地」文化出現新反思、新詮釋，甚至為了凸顯「在地」文化，激起「在地」民族主義或族群主義、地方主義的勢力抬頭。他指出：介於全球化與「在地化」之間最重要的主體，為民族國家的民族主義、國家認同之轉化。

（一）臺本土化無深厚基礎：「全球在地化」是一個認識、瞭解、融合各民族文化以及進而保護、宏揚自我民族文化的一個迴圈過程，並不是排擠、去除、摧毀自我民族文化，因為這就異變為政治操弄人民意識形態而非建構文化認同！臺灣目前由政治人物操弄選舉的「本土化」與「主權國家」議題，從「全球在地化」的文化內涵來看，臺灣政治人物並沒有在深厚的文化基礎上建構本土文化，反而是不斷去除中華文化。民眾看電視或是聽廣播，所見所聞的只有媒體宣傳中或新聞報導中的「口號」與「口水」，宏揚民族文化的具體行動卻不見了，這是什麼本土化？根本是一個操弄選舉的假議題！也就是電視中政治人物炒作的「本土化」與「主權國家」議題，生活中老百姓沒有感覺本土文化的共同記憶或是感情聯繫因素，反而是撕裂族群帶來的痛苦和不安；與此同時，臺灣人民在政治人物做秀而不務民生大計的同時，對物價的飛漲已經產生很大的心理壓力。因此媒體中出現的政治人物的「本土化」與「主權國家」議題，不符合「全球在地化」的融合差異文化與凸顯民族文化的內在精神。

（二）文化認同捲入政治鬥爭　劉阿榮教授指出，臺灣可能出現的文化失根危機，他指出：「近一、二十年來臺灣的文化認同，由政府政策及部分人士的想像，擬采內外合擊之勢，將中華文化的文化認同及中華民國的國家認同，轉化成為臺灣文化或隱含的臺灣國」的文化認同與「國家認同」。此種認同想像與真

正的全球化、「在地化」、乃至全球「在地化」的主要趨勢，並非完全契合的。

劉阿榮教授擔憂：臺灣近年來的文化認同卻是運用全球化與本土化的外、內雙重壓力，去消解傳統文化，尚未察覺此「本土化」的「認同」能否建立其論述的基礎和論述的體系，也未考慮到以本土化作為全球化過程中，能否抗拒全球化下的「文化普遍同化主義」，是否導致「失根效應」或「文化虛無主義」的後果！只求「去中國」（中華文化）之心理滿足。臺灣威權轉型後至今，將文化認同捲入「國家認同」的紛爭中，虛耗能量，難以前進的後遺症恐怕難以避免。

國民黨為選舉交替出招[*]

　　臺灣選舉在經過八年的惡鬥之後，政治基本上開始向緩和的方向發展。主張不擇手段地進行選舉，是民進黨的主要特色。但馬英九所代表的多元化，是現今國民黨特色，國民黨內選舉主戰派和主和派交替出招，這基本上為國民黨在臺灣的穩定發展提供了必要的條件。

　　臺灣《新新聞》雜誌在 1073 期中發表資深媒體人陳彥佑封面報導：《行銷馬英九─從中南部電臺下手》。報導指出這次國民黨啟動「反制地下電臺」的作戰計畫，並由黨秘書長吳敦義親自督軍；民意代表吳育升則取得馬辦公室授權，負責與中南部有影響力、本土、地方性電臺聯繫。由學者、專家、媒體人等 50 多人組成「專案團隊」，並與中南部 20 多家合法電臺以承租或購買時段方式播出節目。節目形式鎖定「經濟、民生等議題」、「澄清、矯正言論、評論時事、選播新聞」及「身體保健、臥遊環旅」三大面向。節目內容以閩南語為主要發聲語言，部分地區會以客語發聲。目標聽眾為不看書報、雜誌、新聞、電視的群眾，以及工作時聽廣播的基層勞動人口，例如工廠、洗髮業、採茶、餐飲業等。

　　在臺灣選舉發展到每票必爭的今天，國民黨開始重視地下電臺的作用是必然的舉措。但臺灣的政黨政治已經開始進入衰退期，政黨的強勢作為是否有效值得懷疑。

---

[*]　本文發表於《大公報》2007 年 10 月 10 日。

原載台《中國时报》2007 年 8 月 7 日

圖片轉載自大陸臺灣網。

要理解馬哥妥協政策

　　最近有香港評論節目主持人認為紅衫軍去年和今年運動的失敗是與馬英九政策不明有著非常大的聯繫。主持人在節目中發表成者王侯敗者寇的言論，這種源自戰爭與論戰的言論，是不適合臺灣社會本身特色的，這種言論的理論基礎在美國早已被傳播學的創始人宣韋伯施拉姆所拋棄。首先這與臺灣政治的發展方向背道而馳；其次，這種只以勝選為考慮的思想，會把臺灣帶向全面衰退的深淵。在某些方面，我們要理解馬英九妥協政策的實質意義，也許這就是未來如果國民黨輸掉大選後的本錢。臺灣領導人選舉中，高投票率是其一大特色，高投票率代表民眾對於選舉的熱衷，這使得政黨操作的空間加大，但政黨的誠信度確在每次選舉中大幅下降。

　　在臺灣政黨處於衰退期的今天，也許只有馬英九有可能帶領臺灣走向和解。不然，選舉後只剩下仇恨，臺灣將何以自處，總有人要犧

牲一些，現在看來民進黨人的自我犧牲的可能性微乎其微。但在臺灣南部選民對於選舉的惡鬥已經是深惡痛絕，對於選舉中買票現象就感覺是狗皮膏藥揮之不去，選舉已經嚴重影響到民眾的正常生活。

臺灣最近一年的發展趨勢是「贏得大選，失掉民心」，政治人物的威信蕩然無存，政黨功能衰退。政府的領導人則完全退回到黨章的束縛，領導人完全看不到未來政治的任何作為，這樣已經嚴重影響到兩岸正常問題的解決，而且兩岸真正和解希望已微乎其微，比如簽署和平協定的可能性不高。

賭場一定兩敗俱傷

俄羅斯著名詩人普希金曾寫過一篇《黑桃皇后》的小說。根據此小說，柴可夫斯基改編為歌劇，此歌劇長度約為 3～4 小時，一般很少有人能夠堅持看完，但這卻是俄羅斯人每人必看的歌劇。其中劇情說，上了賭桌的人下場一般只有兩個，一個就是被小說的主人公殺掉，而主人公則得到贏牌的秘訣，在贏了之後被主人公殺掉的公爵夫人的鬼影纏身，主人公發瘋拔刀結束自己的生命。該小說深刻地刻劃出當時身在聖彼德堡貴族的賭性。現在深陷選舉戰中的臺灣兩黨就像上了賭桌的賭徒，結果一定兩敗俱傷。

沙皇俄羅斯時代的諷刺作家謝德林曾經寫過有關領導人成功的個中秘訣，那是領導人「製造」的損失越大（政府在轉型中的過程總會有問題），就越能成就日後的穩定因素，一俟元氣恢復，社會就會很快穩定下來。

政黨衰退勢所必然

臺灣在 2008 年後，政黨政治將正式進入衰退期。對於這樣的狀況，無論是臺灣兩黨還是北京都應該及早應對，因為在北京看來的統

一事業原本可在黨與黨的框架內得到解決，但未來臺灣的問題恐怕要多方接觸，程式繁瑣，過程漫長，投入的人力物力將會非常龐大。而臺灣政黨面臨的麻煩會更大。在選舉之後，臺灣的政治人物的個性將會無法凸顯，而黨綱和黨章會變得更加重要，政治明星化的進程將會終止。

蘇聯在解體之後，很多政治人物都進行了非常深入的反思。這對於失去執政黨地位的國民黨應該有很多值得借鑒的地方。對於蘇聯解體，原蘇共中央委員和主管意識形態問題的中央書記雅科夫列夫就認為，蘇聯解體是一杯苦酒。公開性改革首先是雅科夫列夫提出，當時他提出的初衷主要是應對蘇聯政府出現的各種妨礙發展的問題，以及如何監督政府，實現在蘇聯國家內的三權分立。但在公開性改革中，雅科夫列夫和當時的總書記戈巴契夫對於政府中的問題看得過於嚴重，對於國家的強力部門卻過於放縱，最後令強力部門發動了促使歷史倒退的政變。

準確的講，蘇聯在最後階段是被自己的民族主義解體的，當年解體蘇聯基本上是俄羅斯聯邦民眾的主張。在 1993 年 3 月 10 日的民眾遊行中，有很多標語就寫著：「蘇聯解體，俄羅斯前景更加光明等。」

八年惡鬥將趨緩和

普京對於俄羅斯政黨的發展給予了非常大的關注，並用了 7 年時間改革俄羅斯議會的選舉制度，俄羅斯由原來的「混合選舉」，實現了議會全部議席按照政黨競選所產生的「比例代表制」。

所謂「選舉制度」，主要是指通過選舉機制將選票轉換成公職的方式，根據投票方式、選區大小（當選名額多寡）以及換算公式等層面又可將選舉制度分為各種不同的種類。臺灣現行各級行政首長的產生方式采「單一選區相對多數決制」，各級「民意代表」（包括區域「立法委員」及縣市議員）采「複數選區單記不可讓度制」，「臺灣不分區及僑選立委」採「一票制的政黨比例代表制」。

　　2008 年，臺灣的民意代表的選舉開始採用「單一選區兩票制」。這基本表明臺灣選舉在經過八年的惡鬥之後，政治基本上開始向緩和的方向發展。主張不擇手段地進行選舉，是民進黨的主要特色。但馬英九所代表的多元化，是現今國民黨特色，國民黨內選舉主戰派和主和派交替出招，這基本上為國民黨在臺灣的穩定發展提供了必要的條件。

精緻餐飲使得餐廳價格居高不下，不利於中華美食的普及。

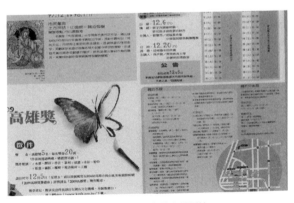

文化活動開始向臺灣南部延伸。

臺政局不穩媒體呈亂象[*]

　　臺灣記者從政黨工具轉變為商人的搖錢樹，記者的尊嚴和地位並沒有獲得提升，留給人們的印象可能只剩下美女主播的明星光環以及前線記者一窩蜂亂竄的「扒糞形象」。臺灣媒體的亂象都是轉型期間臺灣政治不穩定的明顯表現。

　　新聞倫理重視記者的自律精神，也就是孔子所說的「己所不欲、勿施於人」的自省、自覺、自悟的反求諸己的精神。為什麼記者從事新聞這項行業需要重視新聞倫理，也就是講求自律？因為新聞事業是聯繫公民和政府之間的橋樑，因此被視為行政、立法、司法三項政府公權力之外的第四權力。新聞被任何一方操控都是危險的，至今關於新聞的定性和定位還是爭論不休。西方社會在市場經濟和選舉政治之下，強調新聞自由，因此新聞需要高度的自由與社會責任，

臺灣人民的期望。

反對任何法律形式的箝制和壓迫。但社會責任論者強調媒體是社會的公器，同時媒體也是社會機制中的一個組成要素，它的運行也必須在一定的規範下和軌道上，才不至於脫序脫軌，給社會帶來災難。因此記者的自律必須建立在一個社會所遵從的倫理道德的體系之中和在此基礎之上，自律才是至善的、自省的，而非自我壓抑的行為。

---

[*]　本文發表於《大公報》2007 年 10 月 10 日。

媒體高層與記者立場不同

那麼臺灣的新聞亂象是誰造成的？要瞭解這個問題就必須從新聞自由的本質說起。試問新聞自由是誰的自由？是政治人物的自由？企業主的自由？記者的自由？大眾的自由？

新聞自由演進的過程就是反對來自統治階層的控制。西方的新聞自由是從出版自由、到言論自由、再到新聞自由。出版自由是出版商爭取印刷自由的權利，一方面符合出版商出書的商業利益，另一方面書籍作者的心血結晶得以有出版問世的機會，兩者結合達到了出版商機與普及知識的效果。言論自由主要爭取免於恐懼遭訴訟的自由，新聞記者、作者或報刊發行者不因為刊登某種言論而身陷囹圄。新聞自由主要是爭取發行和籌設媒體的自由。因此，從新聞事業的發展進程中可發現，新聞自由演進的過程與爭取出版和發行密不可分。從這個企業經營和市場運作的角度看待新聞事業的話，新聞自由的思維更多的是來自企業主希望要求市場自由，而言論自由才是傾向屬於記者和在媒體上發表言論者的說話權利。換句話說，媒體經營者和記者之間是有一定工作思維和理念的差距和鴻溝的！

媒體經營者與高層想的是如何利用媒體獲取政治資源和經濟利益，以達到自我利益的最大化，媒體的永續經營概念被短期有效的政商利益所取代；記者的工作在於報導，必須為報導的內容負責。媒體的工作環境完全可以操控記者的報導取向。

新聞體制結合政府方向

因此，歐洲的公共廣播服務制度就成為新聞體制的中流砥柱，媒體的屬性也比較多元。美國的商業化新聞體制在俄羅斯轉型期間成為主流，不過，在葉利欽總統執政後期以及普京總統執政期間又走回以

臺灣網友寫歌《爸爸關到我長大》諷刺趙建銘

投票的迷惘

國家媒體為主流的新聞體制。至今為止，新聞體制和國家發展方向必須相互結合，媒體的環境才得到改善。

　　蘇聯在發展過程中主要有兩個階段值得注意，首先是 1917 年時，沙皇俄羅斯階段結束之後，到底俄羅斯是向二月革命黨人領導的資產階級政黨方向發展，還是走列寧布爾什維克黨所認為的馬克思主義和無產階級專政的方向，最終俄羅斯選擇了列寧的方向。為此，俄羅斯付出巨大的代價，國內戰爭後，國力大幅下降，其農業水準直到蘇聯解體時，都沒有恢復到沙皇俄羅斯時期的水準。另外，就是勃列日涅夫執政後期，當蘇聯在經濟上取得巨大成績之後，當時世界能源價格飛漲，為蘇聯帶來大量的外匯存底，在蘇聯居民變得富足之後，勃列日涅夫竟然在上世紀 70 年代末入侵阿富汗，成為侵略國家。總括來

看，蘇聯在開始確認發展方向時，存在一定的困難，另外則是，在發展富足之後，如何保持已取得的成就仍是難題。現在俄羅斯時期同樣面臨這樣的難題。

轉型媒體受政局左右

政大新聞系彭芸教授在「要求媒體專業，老闆要先專業」一文中指出：「很多人批評媒體不專業，還不如多關注媒體主管和老闆是否專業。……記者經常被長官要求不專業的報導。……近幾年景氣不好，連帶媒體經營環境也很惡劣，媒體老闆精打細算，老闆省錢不設守門人，播出的新聞根本不能看。……媒體管理者應該體認媒體不同於一般的企業，即使經營很困難，也應該堅持理念」。彭芸教授指的問題基本上是一針見血。無獨有偶，學者李茂政指出，自由報業的過度商業化，形成報業所有權的集中，不但「新聞自由」有名無實，而且黃色新聞的流行，形成新聞自由的濫用。

記者成商人搖錢樹

臺灣的新聞事業在國民黨執政的黨營媒體之下，新聞是政黨的宣傳工具，記者必須要報導國民黨正面的新聞。因此新聞一方面是必須符合上意，逢迎拍馬，另一方面，還要肩負起為國民黨宣傳和洗腦的工作。記者的自主性很低，報導受到上層的壓力與自我的壓抑，大眾得不到多元觀點和事實真相。解嚴之後，報禁解除，有線電視臺亦獲得籌設的機會，媒體數量激增，經營環境進入了激烈的競爭時期。此間電視媒體的環境變化最大，有線電視臺是商業化媒體的產物，以收視率為依歸，此時記者的職能也在轉變，記者從政黨工具轉變為商人的搖錢樹，新聞報導必須討好企業主和廣告商，在記者不能得罪金主的狀況之下，記者的尊嚴和地位並沒有獲得提升，留給人們的印象可

能只剩下美女主播的明星光環以及前線記者一窩蜂亂竄的「扒糞形象」了。因此，媒體的屬性和定位就相當關鍵，政府政策與發展方向要在大環境上改善條件，這都有賴於政局穩定和民主機制的建構完善。臺灣媒體的亂象都是轉型期間臺灣政治不穩定的明顯表現。

臺政黨惡鬥令基建停頓[*]

　　臺灣政黨惡鬥深入影響到臺灣每個領域，直接效果就是「零把柄」：不建設或者卻搞小建設就會減少讓對方抓住把柄的機會，而且小建設會製造更多的選舉綁票的機會，大建設有害選舉。這樣，哪個政黨還會傻到全心全意建設臺灣呢？

　　據報導，高雄市長選舉官司 16 日宣判，陳菊獲判當選有效，令國民黨參選人黃俊英的支持者大感意外，個個臉上難掩失望的神情，有的支持者失聲痛哭。攸關高雄市長寶座的選舉官司那天宣判，吵了快 1 年的高雄市長選舉爭議，不只牽動明年初的民意代表選舉，更關乎領導人選舉。

政黨製造「零把柄」

　　筆者到臺灣參訪十天後發現，臺灣所有發展中的問題，應該是政黨惡鬥的結果，而政黨惡鬥的習慣則深入影響到臺灣發展的每個領域，這包括臺灣所有重大的建設在內。政黨惡鬥的直接效果就是「零把柄」：不建設或者從事小建設就會減少讓對方抓住把柄的機會，而且小建設會製造更多的選舉綁票的機會。大建設有害選舉，小建設得當則會對政黨選舉有益，這樣，哪個政黨還會傻到全心全意建設臺灣呢？

　　首先，政黨惡鬥是如何影響臺灣整體的建設呢？臺灣政黨惡鬥是很多讀者都非常熟悉的名詞，甚至很多的大陸學者還詼諧地將此比喻為在臺灣的「中國大陸文革」，其實這樣的比喻是完全不準確，甚至

---

[*]　本文發表於《大公報》2007 年 11 月 22 日。

是帶有誤解的。臺灣政黨惡鬥首先是一場政黨間非對稱戰，因為民進黨在自己十幾年的成長階段，最主要的特長就是擅於訴求和選戰，這樣使得民進黨在 2000 年的大選中獲得勝利之後，作為執政黨的民進黨所熟悉和擅長一切手段並沒有任何的變化，對於現今世界各國如何進行政府管理的先進手段，民進黨並不熟悉。所以在接下來的所有執政階段，民進黨最擅長的就是將幾乎所有主要的政策都訴求民眾的支持，但其實這恰恰是臺灣民眾最不需要知道和表態的，這包括民進黨提出的「入聯」的要求，根據聯合國 2758 號決議，「入聯」肯定會失敗。天下本無事，庸人自擾之，何必讓生活平靜的民眾去煩心這些與己無關的事情。

傳媒變得吹毛求疵

臺灣在 2000 年之後長期陷入政黨惡鬥之中，媒體則直接加入這場戰鬥中攪局。在 2000 年後，臺灣媒體特別是電視臺在過度商業化後，新聞監督變為不分是非的無限放大，所有的新聞報導都是以政黨惡鬥為中心，新聞則變為吹毛求疵、無聊和沒事找事。媒體第四權在臺灣則變為媒體人和政黨進行政治交換的籌碼，這樣大量的電視名嘴出現在電視螢屏上，臺灣早期的名嘴在發現通過電視的脫口秀並不能夠達到政黨和解和政治開明的效果之後，很多名嘴都紛紛退出這類節目。但隨之而來卻是更加立場分明的對決式的名嘴，名嘴在對峙一段時間後，都能夠在政黨或者行政單位裡找個官職當當。

臺灣還出現了像 TVBS 和三立電視臺在固定的時間和幾乎固定的來賓展開固定題目的攻防戰，一邊是國語論戰，一邊是閩南語論戰，但都是一個事件各自解讀，而且這類節目的受眾都十分固定。

臺灣媒體特別是電視臺對臺灣建設幾乎是破壞性的。臺灣機場建設就是其中的受害者。在全球化的今天，機場越來越大、航班越來越多，機場帶來的是龐大的人流，機場已經成為全球化的新核心，而在

21 世紀機場已經不再是單純搭乘飛機的場所，而是結合客運、物流、休閒、商務及深化城市居住水準的都市化（airport city）全新概念。在中國大陸全面崛起的今天，遠在韓國濟州機場都已經被觸動，今年 10 月中旬韓國投資 200 億韓圜擴建濟州島國際機場的航廈和跑道延長的工程，預計濟州島機場的運輸能力可提高一倍。而中國大陸在「十一五」計畫中決定投資 1400 億人民幣，對全國 139 座機場進行新建、擴改建和拆遷，其中北京首都機場在第三航站樓和跑道擴建完成後，將會成為載客量為 8000 萬人次的超大型機場。

重大投資不能提升就業率

　　臺灣桃園機場在 1979 年 2 月正式啟用，28 年以來，除了興建第二航廈之外，就很少有重大的投資案，使得當時原本非常先進的機場變得異常老舊。其實桃園機場在 2000 年前還不顯得太陳舊，只是最近幾年臺灣政黨惡鬥，使得臺灣對於任何的重大投資在民意單位就首先接受兩黨非常苛刻的檢查，工程的任何小問題都在媒體的報導之下變得異常嚴重，在臺灣還不是最廉潔的地區的前提下，媒體在監督的名義下，變成麻煩製造者，很多問題都變得異常神經，臺灣任何工程最好都變為零問題。這樣臺灣就不會有任何重大的建設了，臺灣因此陷入小建設不斷，大建設沒有的窘境。

　　這些小建設包括修停車場、道路換燈具、小火車站變大一點等等我們看來不是很主要的工程。包括最近臺灣部分蔬菜價格因颱風問題上漲，這一問題在媒體持續不斷的炒作下，變為物價全面上漲，民不聊生。今天臺灣幾乎已經沒有任何重大建設，而重大投資不能提升就業率，比如在臺灣最近八年最突出的建設是高鐵，但高鐵由日本和德國的公司承攬，高鐵對於臺灣本身的就業率並沒有太大的提升，在沒有地方政府的幫忙下，高鐵周邊地區的開發仍然存在問題。

選舉變態導致民主倒退

再次，政黨惡鬥是如何影響臺灣選舉呢？臺灣有很多民意調查單位，但為了宣傳，民眾在媒體上看到的民意調查常常是可以被扭曲的不真實民意調查，而各政黨所掌握的民意調查基本比較符合選舉結果。在這裡筆者需要指出的是這些民調並不是真正的民意。因為民意可以通過選舉技巧及政策進行改變，比如如何讓中間選民減少投票意願，增加兩端選民的投票率，或者如何政策性增加廢票率，這些都是民意機構難以進行精確調查的情況。因此，在臺灣，民意並不等於選舉結果，這應該是臺灣民主化進程中的悲哀和無奈。

以擅長選舉出身民進黨在執政的八年期間，對於臺灣的行政系統是非常看輕的，甚至是非常蔑視的。因此，在臺灣換行政領導就像使用手紙一樣，這被臺灣戲稱為「手紙文化」。臺灣政黨惡鬥不僅使臺灣基礎建設處於停滯狀態，而且在兩岸交往上全面停擺，所有交往必須在 2008 年選舉之後再說。

西方藝術經典在臺灣比較普及。

新年的祝福。

國家圖書館出版品預行編目

臺灣傳媒亂象：大公報之傳媒睇傳媒 / 吳非著.--
　　一版. -- 臺北市：秀威資訊科技，2009.09
　　　面；　　公分. --(社會科學類；PF0036)

　　BOD 版
　　ISBN 978-986-221-254-7(平裝)

　　1.媒體生態　2.媒體文化　3.新聞媒體　4.報業
　　5.臺灣

　　541.8307　　　　　　　　　　　　　98011037

 語言文學類　PF0036

臺灣傳媒亂象
——大公報之傳媒睇傳媒

作　　者 / 吳　非
發 行 人 / 宋政坤
執行編輯 / 賴敬暉
圖文排版 / 郭雅雯
封面設計 / 蕭玉蘋
數位轉譯 / 徐真玉　沈裕閔
圖書銷售 / 林怡君
法律顧問 / 毛國樑　律師
出版印製 / 秀威資訊科技股份有限公司
　　　　　臺北市內湖區瑞光路 583 巷 25 號 1 樓
　　　　　電話：02-2657-9211　　　傳真：02-2657-9106
　　　　　E-mail：service@showwe.com.tw
經 銷 商 / 紅螞蟻圖書有限公司
　　　　　臺北市內湖區舊宗路二段 121 巷 28、32 號 4 樓
　　　　　電話：02-2795-3656　　　傳真：02-2795-4100
　　　　　http：//www.e-redant.com

2009 年 7 月　BOD 一版
2009 年 9 月　BOD 二版
定價：380 元

讀 者 回 函 卡

感謝您購買本書，為提升服務品質，煩請填寫以下問卷，收到您的寶貴意見後，我們會仔細收藏記錄並回贈紀念品，謝謝！

1. 您購買的書名：＿＿＿＿＿＿＿＿＿＿＿＿＿＿＿＿＿＿＿

2. 您從何得知本書的消息？

    □網路書店　□部落格　□資料庫搜尋　□書訊　□電子報　□書店

    □平面媒體　□ 朋友推薦　□網站推薦 □其他＿＿＿＿＿＿

3. 您對本書的評價：(請填代號　1.非常滿意 2.滿意 3.尚可 4.再改進)

    封面設計＿＿＿　版面編排＿＿＿　內容＿＿＿　文/譯筆＿＿＿　價格＿＿＿

4. 讀完書後您覺得：

    □很有收獲　□有收獲　□收獲不多　□沒收獲

5. 您會推薦本書給朋友嗎？

    □會　□不會，為什麼？＿＿＿＿＿＿＿＿＿＿＿＿＿＿＿＿

6. 其他寶貴的意見：＿＿＿＿＿＿＿＿＿＿＿＿＿＿＿＿＿＿＿

＿＿＿＿＿＿＿＿＿＿＿＿＿＿＿＿＿＿＿＿＿＿＿＿＿＿＿＿＿

＿＿＿＿＿＿＿＿＿＿＿＿＿＿＿＿＿＿＿＿＿＿＿＿＿＿＿＿＿

＿＿＿＿＿＿＿＿＿＿＿＿＿＿＿＿＿＿＿＿＿＿＿＿＿＿＿＿＿

讀者基本資料

姓名：＿＿＿＿＿＿＿＿＿　年齡：＿＿＿＿　性別：□女 □男

聯絡電話：＿＿＿＿＿＿＿＿　E-mail：＿＿＿＿＿＿＿＿＿＿

地址：＿＿＿＿＿＿＿＿＿＿＿＿＿＿＿＿＿＿＿＿＿＿＿＿＿

學歷：□高中(含)以下　　□高中　□專科學校　□大學

     □研究所(含)以上 □其他＿＿＿＿＿＿＿＿

職業：□製造業 □金融業 □資訊業 □軍警 □傳播業 □自由業

     □服務業 □公務員 □教職　□學生 □其他＿＿＿＿＿

To：114

台北市內湖區瑞光路 583 巷 25 號 1 樓

秀威資訊科技股份有限公司　　　收

寄件人姓名：

寄件人地址：□□□

(請沿線對摺寄回,謝謝!)

秀威與 BOD

BOD（Books On Demand）是數位出版的大趨勢,秀威資訊率先運用 POD 數位印刷設備來生產書籍,並提供作者全程數位出版服務,致使書籍產銷零庫存,知識傳承不絕版,目前已開闢以下書系:

一、BOD 學術著作——專業論述的閱讀延伸
二、BOD 個人著作——分享生命的心路歷程
三、BOD 旅遊著作——個人深度旅遊文學創作
四、BOD 大陸學者——大陸專業學者學術出版
五、POD 獨家經銷——數位產製的代發行書籍

BOD 秀威網路書店：www.showwe.com.tw
政府出版品網路書店：www.govbooks.com.tw

永不絕版的故事・自己寫・永不休止的音符・自己唱